第 **2** 巻

福祉政策研究入門
政策評価と指標

格差と不利／困難のなかの 福祉政策

埋橋孝文

［編著］

明石書店

まえがき

政策の有用性を問うことと指標

　本書は、社会保障・福祉制度が制度的に整備されていることと、それが果たして政策目標を有効に達成しているかは別問題であることを議論の出発点にしている。政策が制度として結実したのちは、当然のことながらそれで終わりでなくて、それが有用であり、目的を有効に達成しているかの点検が必要である。

　こうした点検作業および政策評価には、適切な指標が存在することが必要不可欠である。指標は、現状を可視化し、社会的目標に向けての政策の達成度合いを診断する上で欠かせないツールである。しかも、アウトカムだけでなくアクティビティやアウトプットの状況をも示す指標を加えることによって、どういう事情から目標を達成でき、あるいは達成できなかったかについての有力な情報を得ることができる。こうした指標を十分に利活用することによってはじめて質の高い政策評価が可能となる。

　筆者は、以前、ディーセントワーク（DW）の指標に関する論稿を執筆したことがある。そこでは、DWの指標を開発しそれに基づいてDWの達成度合いを測ることは、次のような4つの意義をもつと述べた。

　　「第1に、トータルなDWの指標は先に挙げた4つの構成要素（引用者注・雇用、仕事における諸権利、社会的対話、社会保障）を何らかの方法で合成したものになるが、構成要素ごとの各国の達成度合いの数字をもとに、4つの構成要素の相互の関係を示すことができる……第2に、国ごとの時系列の変化を探ることができる。第3に、各国のDWの達成度合いを国際比較することができる。……第4に、その他の社会経済的発展の指標（HDIやGDPなど）との関係を示すことができる」（埋橋2011、pp.255-256）。

　上の引用文は、主として「研究面での指標のもつ効用」を述べたものである。要約すれば、指標と指標の間の相互の関係の分析、国際比較や時系列分析、そ

の他の変数との因果関係の分析に利用できることなどである。

　指標は政策評価に役立つだけでなく、〈社会分析〉の進展にも寄与できる。たとえば、エスピン・アンデルセンの脱商品化や階層化などは、当該国・地域の〈社会分析〉から生み出された概念であるが、逆に、新しい概念の創造とその指標化は、〈社会分析〉の前進に大いに役立った。「権力資源動員論」の立場に立つ研究者は彼以外にも大勢いるが、エスピン・アンデルセンを際立たせたのは、脱商品化の概念を精緻化したこととその程度を指標化して国際比較を試み、その結果を3つの類型（福祉レジーム）にまとめ上げたことであった。

　ここで注意しなければならないのは、指標化には研究面以外にも大きな社会的意義があることである。むしろこちらの方を先に指摘すべきであったかもしれない。「研究面以外で指標を作成することの意義」は、指標があることによって、1）政策の実施過程をモニターすることができる、2）政策の事後評価に利用することができる、3）次期の目標の設定や政策変更、新たな政策立案の参考資料として利用することができる、などである。

指標化の落し穴

　その一方で、この指標化には往々にして陥りやすい落し穴があることにも注意が必要である。落し穴は次の引用文が端的に説明している。

> 「ほとんどの組織には複数の目的があるが、測定されるものばかりに注目が集まって、他の重要な目標がないがしろにされがちだ」（ミュラー 2019、p.19）。

　他にも、①一番簡単に測定できるものしか測定しない、②成果でなくインプットを測定する、③標準化によって情報の質を落とす、④上澄みすくい（クリーム・スキミング）による改竄、⑤基準を下げることで数字を改善する、⑥データを抜いたり、ゆがめたりして数字を改善する、⑦不正行為、などの落し穴がある（同上書 pp.24-26、チェックリスト pp.180-186 も参照のこと）。

　たとえば就労自立支援サービスを提供する場合、行政は、①一般就労に移行できた人の人数や、②就労による収入の増加などに注目することが多い。しか

し、①についてはその時々の雇用情勢によって変化すること、つまりこれらの指標は必ずしもサービスの成果といえないこと、①と②について、たとえば就労しやすい人や収入を稼ぎそうな人を選抜してサービスを提供しようとするなどのクリーム・スキミングが起こる可能性があることに注意が必要である。

本書の構成

本書は2部構成となっている。第1部「日本における格差と不利／困難」は①経済的格差と社会保障、②障害者と生活困窮者の不利／困難に関わる福祉政策を扱う。①では現金給付、②では主としてサービス給付が取り上げられる。いずれも、インプット－生産（アクティビティ）、アウトプット、アウトカムのどの段階を問題にしているかを明示しつつ、それぞれの分野での政策評価のあり方を問い、また、政策評価をするうえでの有効な指標はどういうものかについて検討している。

第2部「東アジア／取り組みの最前線」は所得分配／経済的格差の問題に東アジアの韓国と中国の福祉政策がどのように立ち向かっているかを検討している。韓国におけるベーシックインカム導入論議、中国における「第3の所得再分配」などの最新の動きが紹介され、今後の展望が語られる。

編著者は社会保障や福祉国家の国際比較研究を経て、現在、福祉政策分析に従事しているが、社会保障や福祉国家の国際比較研究はこれまで以上に政策研究の成果を取り入れるべきであると考えている。

たとえば福祉国家の行方を考えるにあたって、〈規範論〉、〈政策論〉、〈動態論〉それぞれの精緻化が必要であるが（埋橋2003）、その中で政策論は中核的な位置を占める。政策論の支えがなければ規範論は抽象的な「絵に描いた餅」になるし、政策論がなければ動態をもたらす重要な要因の一つが行方不明となる。そして、この〈規範論〉、〈政策論〉、〈動態論〉を再検討する格好の素材を、いまダイナミックに変化しつつある東アジアの韓国と中国が提供している。本書第2部で両国に焦点をあてた所以である。

2022年1月

埋橋孝文

福祉政策研究入門　政策評価と指標

《目　次》

第1巻　少子高齢化のなかの福祉政策
第1部　高齢者福祉の政策評価
第2部　子ども福祉の政策評価

第2巻　格差と不利／困難のなかの福祉政策
第1部　日本における格差と不利／困難
第2部　東アジア／取り組みの最前線

第2巻　格差と不利／困難のなかの福祉政策

第1部　日本における格差と不利／困難

第1章　日本における社会保障制度の所得再分配機能

第 1 部

日本における格差と不利／困難

第 1 章

日本における社会保障制度の所得再分配機能
カクワニ係数を用いて

埋橋孝文・楊慧敏・孫琳

グラフィック・イントロダクション

図表 1 − 1　所得再分配前後のジニ係数と改善度の推移（1962 〜 2017 年）

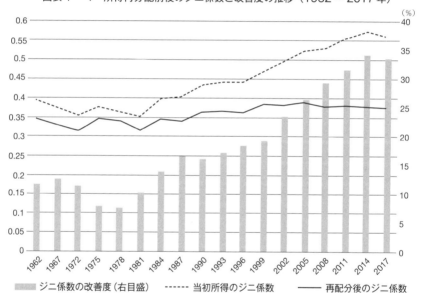

　　　　■■■ ジニ係数の改善度（右目盛）　　------ 当初所得のジニ係数　　―― 再配分後のジニ係数

出所）「所得再分配調査」各年次版より筆者作成

　図表 1 − 1 は日本の当初所得のジニ係数と再分配後のジニ係数、およびその改善度（再分配率）を示している。再分配後のジニ係数の値は当初所得のジニ係数より小さくなり、所得格差が小さくなっている。その結果として、再分配後のジニ係数は、この 20 年ほど大きな変化がない。すなわち、税制や社会保障の所得再分配機能は、国民の所得格差を是正している。ただし、今後ますます当初所得のジニ係数が大きくなり格差が拡大したときには、より一層大きい再分配効果が期待されるであろう。

1. 何が問題か／税・社会保障制度の格差是正機能

　政策を効果的に実施していくためには、不断の見直し、改善を行っていく必要がある。しかし、福祉政策分野における「政策評価」は、政策（policy）そのものではなく、主に施策（program）や事業（project）への評価である（総務省2020）。それは、マクロの政策の効果は、景気や雇用の動向といった外部要因の影響を複雑に受けるため、政策そのものへの評価が難しいからだと考えられる。プログラム評価に際してはこうした外部要因が8種類挙げられているが（安田・渡辺2008、pp.113-116）、マクロの政策の場合、その範囲や量は多くきわめて複雑になっている。

　しかし、所得格差を改善する効果のある税・社会保障制度そのものの再分配効果を評価することは、それほど難しくはない。所得再分配政策は、図表1－2に示されるように、「初期状態」に対する税と社会保障給付の「政策介入」によって、所得の再分配がおこなわれ（「アウトプット」）、その効果を表すもの、つまり「政策のアウトカム」には、①カクワニ係数、②再分配率、③貧困削減率という3つの指標が考えられる。このアウトプットやアウトカムには景気の動向（外部要因）は影響を及ぼさないから、純再分配効果の評価が可能なのである。

図表1－2　政策介入のアウトプットとアウトカム —— 指標に注目して

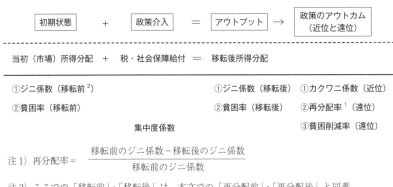

注1）再分配率 ＝ $\dfrac{\text{移転前のジニ係数} - \text{移転後のジニ係数}}{\text{移転前のジニ係数}}$

注2）ここでの「移転前」・「移転後」は、本文での「再分配前」・「再分配後」と同義。

出所）筆者作成

これまでに３つの指標を用いた所得再分配効果の実証的な研究が数多くなされてきた。中でも、ジニ係数やその応用係数である②再分配率（図表１－２注１参照）、および、③貧困削減率がしばしば用いられている（豊田1987、石1979、伊多波1986、小塩2010など）。これら２つの指標は、再分配前の所得分配（「初期状態」）と再分配後の所得分配（「アウトプット」）に基づくものであり、税と社会保障についての再分配効果を算定できる。ただし、「所得再分配調査」以外の統計調査（たとえば家計調査や全国消費実態調査など）では、年金、医療、介護保険などの社会保障の項目ごとの集計がなされていない。また、その「所得再分配調査」にあっても、社会保障の各項目ごとの再分配後所得分配が集計されておらず、再分配率を計算することができない。そこで本章では、次善の策として①カクワニ係数を用いることにする。

　先行研究では、カクワニ係数から社会保険料の逆進性（阿部2000）、医療支出の公平性（遠藤・篠崎2003）、税制または税・年金制度の所得再分配効果（橘木1983、梅原2019、横田1987）などを論じる研究がある。

　ただし、それらの研究は、税・社会保障制度の一部だけを取り上げて論じている。したがって、税制と社会保障制度のそれぞれの制度間の所得格差是正効果の差異を明確にすることができていない。その結果、同じ所得再分配機能をもつ税制と社会保障制度の所得格差是正効果を高めるには、どの制度の、どの部分を、どのように改善できる（すべき）かが明らかになっていないという課題が残されている。

　本章ではまず第１に、上述した課題をクリアするため、「所得再分配調査」のデータをもとにカクワニ係数を計算し、税制と社会保障制度の所得再分配機能、つまり政策のアウトカムを可視化し、そのうち、何によって、どれくらいの効果が得られるかを明らかにする。

　ただし、所得再分配について以下の点に留意されたい。税制の目的は、公共サービスの資金を得ることと所得再分配である。所得再分配のメカニズムは、累進所得税などにより高所得者には重く課税し、低所得者には軽く課税または免税することを通じて、所得や資産の格差の広がりを是正する（梅原2015）。それに対して、社会保障は、国民の生活の安定が損なわれた場合に、国民にすこやかで安心できる生活を保障することを目的としている（厚生労働省）。そ

の一方で社会保障は、社会保険料という形で国民から国や地方政府が多額の費用を集め、これを必要とする人に支給するという巨大な所得移転のシステムである（椋野・田中 2015、p.275）。そのため、国民ひとり一人の生活に大きな影響を及ぼすことから、社会保障には保険料や給付の両面にわたって所得再分配機能が組み込まれている[(1)]。

　次いで第2に、それらのカクワニ係数で示されるアウトカムが、税・社会保障制度のどのような活動によってもたらされたかを明確にする。ロジックモデルにおいて、インプット・活動・アウトプットまでは政策実施者側のコントロールが可能な範囲であり（第1巻の図表9－3を参照）、それらとアウトカムの関係を探ることが政策評価上重要なステップであるからである。

　最後に、アウトカム、つまり、いわゆる税・社会保障制度の所得格差是正効果を高めるには、どの制度のどのようなパラメータ（注(4)参照）について、どのような改正が考えられるかを検討する。こうした検討は、再分配前の所得格差が広がっている中（図表1－1参照）、税・社会保障制度の所得再分配機能が今後いま以上に期待されることから試みられるものである。

2.　カクワニ係数からみる税・社会保障制度の所得格差是正機能

（1）カクワニ係数

　税・社会保障制度の所得格差是正機能について述べる前に、本章が使用するカクワニ係数について簡潔に説明しておく。カクワニ係数は、政策介入が所得格差に与える影響を可能性の形で示す指標である。「可能性の形」という意味合いは、実際の再分配効果はこの係数に税や社会保険料もしくは給付の「移転割合」を掛け合わせて算出されるからである[(2)]。本章では、カクワニ係数をアウトカム（近位）、最終的な再分配効果をアウトカム（遠位）とする。

　カクワニ係数の値は、集中度係数とジニ係数の差となる。それらの2つの係数について実例を挙げて簡単に説明すると、図表1－3の「社会保障給付（税金）」において、給付（税金）の集中度曲線と45度線の間の面積の2倍を集中度係数という。ジニ係数は、当初所得のローレンツ曲線と45度線との間の面積の2倍である。

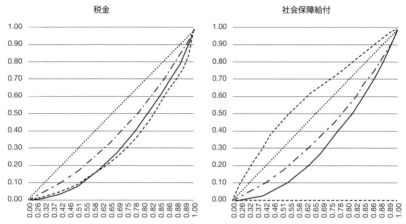

図表 1 － 3　所得再分配前後のローレンツ曲線と集中度曲線（2017 年）

注）実線は、当初所得のローレンツ曲線であり、点線「‐・‐・‐」は所得再分配後のローレンツ曲線である。点線「------」は税金、社会保障給付の集中度曲線である。また、点線「……」は 45 度線を示している。
出所）「2017 年所得再分配調査報告書」より筆者計算・作成

　また、カクワニ係数の具体的な算出方法は、租税や社会保険料といった個人が支出する側の政策について、「カクワニ係数＝集中度係数－ジニ係数」で表され、値の範囲は－ 2 ～＋ 1 である。一方で、社会保障給付のような個人が受給する側の政策に関しては、「カクワニ係数＝ジニ係数－集中度係数」で、数値が－ 1 ～＋ 2 となる（中村 2005）。

　数値の読み方について、カクワニ係数の値がプラスである場合、所得格差が是正（縮小）され、マイナスの場合、所得格差を拡大させることを意味する。なお、数値（絶対値）の大小は格差の是正（縮小）または拡大の程度の違いを意味する。

（2）制度間の所得格差是正機能

　2017 年の「所得再分配調査」データ[(3)]に基づいて算出した税制と社会保障給付のカクワニ係数は、図表 1 － 4 の通りである。そこから読み取れる、税・社会保障制度の所得格差是正機能は以下の通りである。

　第 1 に、「全体」をみると、税金と社会保障給付のカクワニ係数がプラスで、

図表 1 － 4　税・社会保障のカクワニ係数（2017 年）

	カクワニ係数			
	全体	年金	医療	介護
社会保険料	-0.0294	0.0269	-0.0577	-0.1742
社会保障給付	0.4221	0.5011	0.3583	0.3523
税金	0.0189			

注 1）社会保障給付の範囲について、現金給付は年金・恩給以外に、各種共済組合、児童手当
　　　等、雇用保険、生活保護およびその他法令に基づくものなどがある。加えて、現物給付は、
　　　医療、介護以外に、保育などの現物給付が含まれている。ただし、本章は、「所得再分配調
　　　査」が集計している年金・医療・介護の３つのみを検討する。
注 2）税金は、直接税のうち所得税、住民税、固定資産税（事業上のものを除く）および自動
　　　車税・軽自動車税（事業上のものを除く）を指す。
出所）「2017 年所得再分配調査報告書」より筆者計算・作成

つまりそれらの政策介入は所得格差を縮小させる。加えて、税金（0.0189）よ
り、社会保障給付（0.4221）の効果がはるかに大きい。その一方で、社会保険
料の値がマイナスであり、所得格差を拡大させる機能をもつ。

　第 2 に、制度ごとの社会保険料をみると、カクワニ係数が 0.0269 の年金保
険料は所得格差を縮小させる。それに対して、医療と介護の保険料は、社会保
険料全体と同様に、カクワニ係数がマイナスで、所得格差を拡大させるという
結果になっている。

　第 3 に、社会保障給付は全体だけではなく、個々の制度（年金・医療・介護
制度）による介入は所得格差を縮小させる。中でも、現金給付である年金制度
（0.5011）は、サービス給付の医療・介護制度（0.3 台）より効果がある。

　以上では、カクワニ係数を用いて、税制と個々の社会保障制度の再分配機能
を明確にした。しかし、こうしたアウトカム（近位）の説明だけにとどまらず、
このような結果が得られる要因である「活動とアウトプット」について分析す
る必要がある。以下では、政策実施者側のコントロールが可能な範囲にある制
度の「活動とアウトプット」と「アウトカム（近位、遠位）」の関係を検討し
（図表 1 － 5 参照）、政策的示唆を得ることとする。

3. 制度のパラメータからみる税・社会保障制度の特徴

　本節では、所得再分配政策である税制と社会保障制度のパラメータを提示し

たうえで、所得再分配機能の相違をもたらす要因についての分析を行い、制度それぞれの特徴を明らかにする。

（1）税・社会保障制度のパラメータ

「1. 何が問題か／税・社会保障制度の格差是正機能」で説明したように、税金の徴収により、税制は所得再分配の機能を果たす。また、本章で検討する社会保障制度は、保険料の徴収と現金・サービスの給付により所得再分配の機能が期待されている。図表1−5はこのような所得再分配を目的とする政策のロジックモデルを示している。図で示している通り、所得再分配政策のアウトプットには税金、年金である現金給付、医療サービスと介護サービスであるサービス給付がある。また、所得再分配の効果の指標として、カクワニ係数（アウトカム近位）と再分配率（アウトカム遠位）が挙げられる。ここで、所

図表1−5　所得再分配政策のロジックモデル

出所）筆者作成

得再分配効果の違いをもたらす各制度の仕組みについて説明していきたい。

　図で示したように、税制は主に課税対象者、税率と課税最低限からなるものである。また、本章で検討する社会保障制度の仕組みを2つの側面から説明できる。すなわち、①保険料と②給付である。①保険料をみると、被保険者の範囲、保険料率と標準報酬月額の上限額が設けられており、②給付には現金給付とサービス給付があるが、いずれも給付対象者と給付額がその構成要素である。

　以上で述べた制度の仕組みはその設定と改正により、各制度の所得再分配効果に影響を及ぼすことができるため、制度のパラメータ[4]ともいえよう。以下では、所得再分配そのものとその効果の違いをもたらす要因を、上でふれたパラメータに基づき、浮き彫りにする。

(2) 所得再分配機能の相違をもたらす要因
1) 税金

　図表1-4で示したように、税金による政策介入は所得格差の是正機能をもつ。その理由として、以下の2点が挙げられる。

　一つは、所得税や住民税などの直接税の場合、低所得層には様々な所得控除があるため、納税を免除される場合が多いからである。もう一つは、税金は累進課税という方式をとり、所得が多くなるにつれて段階的に税率が上昇していくからである。

2) 社会保険料

　社会保障制度の保険料については、年金・医療・介護の保険料は基本的に報酬比例となり、本来ならば、所得格差を是正することができない。しかし、図表1-4をみると、年金保険料は所得格差を縮小させるのに対して、医療と介護の保険料による政策介入は所得格差を拡大させる。その理由は以下のように考えられる。

　まず、年金保険料の具体的な仕組みを見てみよう。周知のように、日本の公的年金制度は二階建てとなっている。基礎年金の保険料は定額制となり、逆進性をもつため、所得格差の是正効果が期待できない。そして、厚生年金の保険料は報酬比例となるため、格差の是正には影響しない。さらに、厚生年金保険料の標準報酬月額の上限は65万円となり、上限以上であれば、同じ保険料率

で保険料を納めるため、むしろ所得格差を拡大させる。

　では、なぜ年金保険料は所得格差を縮小させることができるのか。その理由として、年金保険料の免除制度が大きな役割を果たしていることが考えられる。厚生年金の場合、産前産後休業期間中と満3歳未満の子を養育するための育児休業期間中、保険料が免除される。

　また、国民年金には、法定免除制度と申請免除制度がある。障害基礎年金または厚生年金の障害年金（1級または2級）を受けている場合や生活保護の生活扶助を受けているなどといった場合、保険料が自動的に免除される。そして、前年所得が一定額以下である場合、本人またはその世帯員が生活保護の生活扶助以外の扶助を受けている、また失業、天災など保険料の納付が著しく困難である場合、申請により保険料の全額または一部の納付義務が免除される。

　実際の年金保険料の免除状況をみると、2019年度には、第1号被保険者の1434万人の中で、389万人が何らかの免除制度に適用され、第1号被保険者の27.1%を占めている。こうした免除制度が所得格差の縮小に寄与していると考えられる。

　次に、医療保険料については、カクワニ係数の数値（−0.0577）をみると、医療保険の保険料による政策介入は所得格差を拡大させる。また、医療保険料が当初所得を占める割合をみると、図表1−6に示したように、所得が低い階層ほど、割合が高い傾向がみられる。

　具体的な仕組みをみると、被用者保険である健康保険の保険料は報酬比例であり、また、標準報酬月額の上限額が設けられている。つまり、上限額以上の高所得者の負担率はほかの被保険者よりも低くなり、保険料負担は逆進的であるため、所得格差を拡大させることになる。

　また、自営業者や農業従事者、無職者などが加入する国民健康保険には、低所得者に対する軽減・免除制度が設けられているが、それにもかかわらず、保険料の逆進性が指摘されている（阿部2000）。その理由の一つとして、国民健康保険には定額部分（応益割）が存在することが挙げられている（四方2017）。所得が低くなればなるほど、所得額に関係なく負担しなければならない金額が大きくなり、負担割合が大きくなる。そのため、所得格差を拡大させることになる。

図表 1 － 6　各所得階層の社会保険料が当初所得に占める割合（2017 年）

【当初所得階級】	当初所得(万円)	社会保険料			
		医療(万円)	当初所得に占める割合	介護・その他(万円)	当初所得に占める割合
総数	429.2	23.4		8.1	
50 万円未満	5.5	6.0	109.1%	6.3	114.5%
50 ～ 100	75.9	9.4	12.4%	6.4	8.4%
100 ～ 150	122.1	8.9	7.3%	5.5	4.5%
150 ～ 200	172.0	13.6	7.9%	6.8	4.0%
200 ～ 250	223.5	15.7	7.0%	7.3	3.3%
250 ～ 300	272.7	17.9	6.6%	6.5	2.4%
300 ～ 350	320.2	19.2	6.0%	7.5	2.3%
350 ～ 400	372.9	23.2	6.2%	6.1	1.6%
400 ～ 450	421.4	24.9	5.9%	7.7	1.8%
450 ～ 500	471.8	27.5	5.8%	7.7	1.6%
500 ～ 550	522.5	26.8	5.1%	8.2	1.6%
550 ～ 600	569.7	29.9	5.2%	7.9	1.4%
600 ～ 650	624.0	30.7	4.9%	8.2	1.3%
650 ～ 700	672.5	35.2	5.2%	10.1	1.5%
700 ～ 750	722.8	37.2	5.1%	7.7	1.1%
750 ～ 800	774.5	37.4	4.8%	8.9	1.1%
800 ～ 850	819.6	42.6	5.2%	10.5	1.3%
850 ～ 900	873.6	37.5	4.3%	10.1	1.2%
900 ～ 950	922.7	48.2	5.2%	10.7	1.2%
950 ～ 1,000	971.1	48.3	5.0%	11.1	1.1%
1,000 万円以上	1,488.7	62.6	4.2%	15.1	1.0%

出所）「2017 年所得再分配調査報告書」より筆者計算・作成

　最後に、介護保険料の所得再分配機能をカクワニ係数からみると、介護保険料の徴収により所得格差を拡大させ、また拡大させる程度が医療保険料より大きい（図表 1 － 4）。その理由は、介護保険料の次のような徴収基準と方法の規定にあると考えられる。

　厚生年金や健康保険と同じように、介護保険の保険料にも上限額が設けられている。第 1 号被保険者の保険料をみると、年間所得が 290 万円以上であれば、同じ保険料額で保険料を拠出する。その結果、図表 1 － 6 にあるように、年間所得 300 ～ 350 万円の階層の介護保険料が当初所得の 2.3％、950 ～ 1000 万円以上の場合、1.1％に過ぎないことになる。つまり、所得が高いほど、保険料の負担率が低くなるため、所得格差を拡大させる。高所得層の負担が比較的軽

い一方で、低所得層に重い負担を負わせている。低所得高齢者に対して、保険料を軽減するような配慮がおこなわれるが、年金等の年間所得が80万円以下の第1号被保険者であっても保険料を拠出する義務がある。以上の理由から、介護保険料による政策介入が所得格差を拡大させることが明らかになる。

3) 社会保障給付

社会保障給付の支給による所得再分配機能については、年金、医療、介護のいずれも所得格差を縮小させることが読み取れるが、現金給付である年金制度はサービス給付である医療・介護制度より効果がある。年金保険料を納付するのは比較的に所得が高い現役世代であるが、年金給付の対象者は退職後の高齢者である。つまり、現役世代と比べて、所得が著しく少ない（あるいは所得のない）高齢者への給付は、所得の高い現役世代が納付した保険料から賄われるため、年金給付による所得再分配機能が高いという結果となる。

しかし、ここで注意しなければならないのは、以下の2点である。

1点目は、ここでの所得再分配の意味である。もともと年金制度の役割は、個人の異時点間の所得再分配である。しかしながら、今回で用いたデータは調査する時点のものとなり、個人単位（若い頃から現在まで）のパネルデータではない。そのため、年金給付を受け取るのは、調査する時点での退職した高齢者で所得の低い人々になり、年金の再分配効果は所得の高い人から所得の低い人への垂直的所得再分配となる。

2点目は、「所得再分配調査」では現物給付である医療と介護が現金に換算されていることである。制度上、医療保険と介護保険では現物給付が支給されるため、現金に換算されると、所得格差の是正効果をもつように見えるが、実際に支給される現金ベースでみると、再分配効果がそこまで高くない（あるいは再分配効果がない）と推測できる。

4. 上限額の引き上げによる改善策の提案

税制と社会保障制度の仕組みから考えると、所得再分配効果を高めるためには、被保険者範囲の拡大や税率・保険料率の引き上げなどのような改善策を考えることができる。その中で、当面もっとも実施可能な改善策は上限額の引き

上げであるように思われる。上で分析したように、保険料を徴収する際に、標準報酬月額や年間所得の上限額が設けられていることが、所得格差を拡大させる。そのため、上限額の引き上げにより、その格差の拡大を抑制することが期待できる。

　社会保障制度の動きをみると、これまで厚生年金や健康保険における標準報酬月額の上限額に関する見直しが多くおこなわれてきた。2020年6月に公布された年金制度改正法により、2020年9月から厚生年金保険の標準報酬月額の最高等級が62万円から65万円に引き上げられた。前回から約20年ぶりの引き上げであった。

　また、健康保険でも同じ動きがみられる。2015年5月に「持続可能な医療保険制度を構築するための国民健康保険法等の一部を改正する法律」が公布され、2016年4月から健康保険の標準報酬月額の最高等級（47級・121万円）の上に、3等級が追加され、上限額が139万円まで引き上げられた。

　ただし、年金の場合、保険料の標準報酬月額の上限額を引き上げる際には給付との関係を考慮しなければならないと指摘されてきた。健康保険制度では、保険料の引き上げは給付に反映しないが、厚生年金の場合、保険料が引き上げられた分はその後の給付に反映され、若い世代への負担を増すことになる点を考慮しなければならない。厚生年金の場合の標準報酬月額の最高等級が健康保険よりも低いのはそうした事情からである。しかし、給付に反映する割合を変更すると、給付への負担を緩和することが可能である。

　今後、再分配前の格差が拡大していくことが予想されるが、それに応じて、再分配効果を上げていくことが必要になってくる。しかし、その方策を真正面から取り上げた研究が少ない。税率・保険料率の引き上げなどのような提案も考えられるが、比較的摩擦が少なくコンセンサスが得られやすいのは、本章で提示した上限額の引き上げではないかと考えられる。

5. これから深めていくべきテーマ／所得格差の拡大防止・是正に向けて

　日本の所得格差の拡大防止ないし是正に向けて次の3点に関する議論を深め

ていく必要がある。

　1つ目は、現金給付、特に住宅手当などのような社会手当の拡充による所得格差の是正である。国際的にみると、日本の住宅手当や家族手当などの社会手当が低いレベルにある（埋橋・楊・孫2020）。新型コロナウイルスの影響で収入が減少する困窮者に対して、住居確保給付金という制度の利用割合が増えたように、現行の社会保険制度に加え、社会手当の形で、低所得者に一定金額の現金を給付することによって、所得の格差を縮小させることが期待できる。本章では、利用した「所得再分配調査」で計上されている税、年金・医療・介護保険に限定して議論を展開したが、社会手当やさらには生活保護をも視野に入れた議論が必要である。

　2つ目は、社会保険料の逆進性を緩和することをめぐる実証的議論の必要性である。図表1－6に示したように、低所得層が拠出する保険料（医療・介護保険料）が当初所得に占める割合は高所得層よりはるかに高い。しかし、社会保険が財政問題を抱えている中、保険料の逆進性を緩和するには税金を投入するかそれとも他の何らかの方法が考えられるかについて議論を重ねていく必要がある。また、本章で提唱したような社会保険の標準報酬上限額の引き上げがどのような財政収入の増加をもたらすかなどのシミュレーション研究も必要である。

　3つ目は、所得格差拡大に歯止めをかけるには、上述したような税・社会保障制度の所得再分配はもちろんのことであるが、再分配前の格差縮小を重要視する必要があることである。というのは、日本において、高齢化の深刻化や産業構造の変化に伴い、非正規雇用が増加している。「労働力調査」によると、2020年度の非正規雇用者は雇用者全体の36.8％（約2066万人）を占めている（総務省統計局2021）。加えて、非正規雇用者（175万円／年）の平均給与は正規雇用（503万円／年）のおよそ3割に過ぎない（国税庁2019）。このような待遇の差を是正するために、2020年より大企業において「同一労働同一賃金」が適用され、2021年4月より大企業だけではなく、中小企業にも適用されるようになった。具体的な内容は、正規雇用者と非正規雇用者の待遇格差を是正するため同じ内容の仕事に対しては同じ水準の賃金を支払うことであるが、この対策の効果について統計データを用いて実証的に検討していく必要がある。

手にとって読んでほしい5冊の本

1. 菊池馨実（2019）『社会保障再考―〈地域〉で支える』岩波新書
　　所得再分配ではなく、相談支援体制と地域による支援体制の再構築から社会保
　　障へアプローチしている書籍である。

2. 小塩隆士（2010）『再分配の厚生分析―公平と効率を問う』日本評論社
　　再分配問題について、経済学はもとより、社会疫学的、幸福研究的、社会学的
　　アプローチから分析している。

3. 駒村康平（2014）『日本の年金』岩波新書
　　日本の年金制度を解説しながら、いまの制度が直面している課題を明らかにし
　　ている。同時に、年金が果たすべき役割を再確認し、社会保障のこれからにつ
　　いて考える一冊。

4. 橘木俊詔（2019）『社会保障入門』ミネルヴァ書房
　　年金、医療、介護、雇用、子育て支援などの社会保障制度の仕組みや基本的な
　　ことがらをわかりやすく説明している入門書。

5. 平山洋介（2009）『住宅政策のどこが問題か―〈持家社会〉の次を展望する』
　　光文社新書
　　わたしたちの生活は所得（flow）だけではなく、資産（stock）によっても支
　　えられている。資産の代表である住宅をめぐる政策の変遷を丁寧にフォローし、
　　日本では、今後、突出して重視されている「持家政策」以外の住宅政策が必要
　　になってくることを指摘する。

注
(1) 社会保障の機能は、主として①生活安定・向上機能、②所得再分配機能、③経済
　　安定機能の3つである。
(2) カクワニ係数と再分配率の関係についてはミッチェル（1993）p.144を参照のこと。
(3) 国民の所得と支出のデータが含まれる調査は、「家計調査」「全国消費実態調査」
　　等がある。そのなかで、税制と個々の社会保障制度の保険料および給付を別々に、
　　つまり、年金、医療、介護ごとに集計しているのは、「所得再分配調査」のみであ
　　る。調査の目的は、社会保障制度における給付と負担、租税制度における負担が
　　所得の分配に与える影響を所得階層別、世帯や世帯員の属性別に明らかにし、施
　　策立案の基礎資料を得ることである（厚生労働省2019）。なお、所得再分配調査

は、1962 年度以降、概ね 3 年に一度周期で実施している。だが、新型コロナウイ
ルスの影響を受け、2020 年に予定していた調査は、先行する国民生活基礎調査の
中止に伴い実施しないこととなった。そのため、本章は 2020 年調査の一つ前であ
る 2017 年の調査データを用いることにする。

(4) パラメータは、媒介変数とも呼ばれ、主たる変数に対して補助的に用いられる。
また、制度のパラメータについては、駒村（2007）は以下のように述べている。
「年金制度などの所得保障制度は、それぞれ様々な特徴のある給付設計となり、そ
れらの給付は、給付条件、給付水準、給付制限、保険料負担などの、政策的に調
整される制度パラメーターによって特徴づけられる。こうした各制度のパラメー
ターは受給者や受給の可能性のあるものの選択に影響を与えている場合が多い」。

福祉サービス事業者の公益性について

1. 福祉サービス事業者の現状

　日本の社会福祉は、終戦直後の国家責任に基づく貧困対策からはじまり、高度経済成長期には社会保障体制の整備、各種福祉施策の充実が図られてきた。その後、時代の変化とともに、幾多の社会福祉改革が進められてきた。

　その中で、1990年代半ばからおこなわれた社会福祉基礎構造改革のもとで、福祉サービスは措置制度から契約制度へ転換することとなった。戦後から日本の社会福祉の発展に重要な役割を果たしてきた社会福祉法人だけでなく、高齢者・児童・障害者分野においては、NPO法人や営利法人などの事業参入が認められ、福祉サービス事業者が多様化するようになった。

　訪問介護事業を例に挙げると、介護保険制度が始まった2000年には、社会福祉法人（社会福祉協議会を含む、以下同様）の割合は43.2％であり、営利法人が30.3％、NPO法人が2.1％であった。そして、2019年の数値をみると、訪問介護事業における社会福祉法人の割合は16.8％に減少し、営利法人が67.9％、NPO法人が5.3％に増加した（厚生労働省）。つまり、訪問介護においては、事業者が多様化し、社会福祉法人のシェアが減ると同時に、営利法人やNPO法人などの新規参入者のシェアが上昇している。

　また、参入規制が緩和されたことにより、ほかの介護サービス事業や保育サービス、障害福祉サービスにおいても、同じ傾向が窺える。

2. 判断基準としての公益性

　これまで、準市場や福祉の民営化、供給主体の多元化をめぐる研究が多くなされ、異なる法人格をもつサービス事業者を比較対象とする研究も多数みられる。ここでは、各研究者の論述に関する詳細な検討はおこなわないが、福祉サービス事業者を比較する際に、判断基準の一つとなる「公益性」について論じていきたい。

　上述したように、参入規制の緩和などにより、福祉サービス市場へ参入する営

利法人や NPO 法人などの新規参入事業者が増加しつつある。その中で、「同一市場における競争条件の均一化」などの対等な競争を求める声が高まっていた。また、2000 年代前半から、伝統的な事業者である社会福祉法人と新規参入者である営利法人・NPO 法人などとの格差を批判し、税制優遇や補助金などの格差の是正を求める主張としての「イコール・フッティング論」があがってきた。

　一方で、事業者たちは異なる法人格をもつが、福祉サービスを提供する以上、公益性を有する必要がある。サービス事業者間の格差については、社会福祉法人の高い公益性を考慮すれば、営利法人や NPO 法人などとの差は必要な「区別」に過ぎないと指摘されるように（狭間 2018、p.69）、社会福祉法人はほかの法人より高い公益性をもつ以上、それらの優遇措置は合理的なものとなり、「イコール・フッティング論」が成り立たないと考えられる。

　したがって、異なる法人格をもつ福祉サービス事業者を比較する際に、公益性は判断基準の一つになりうる。

　公益性に関する検討がこれまで多くなされてきたが、その定義については論者により異なる。簡潔に整理すると、以下のようになる。すなわち、公益性は①国家・政府の利益を意味する場合があり、②社会に共通する利益（不特定多数の利益）を意味する場合もある（小松 2000、p.51；古川 2001）。加えて、公益性は③少数者・社会的弱者の利益を意味するものでもある（小坂 2005、p.11）。

　公益性をもって福祉サービス事業者を比較する際に、その定義を明確にした上で、あらためて公益性の具体的な内容あるいは構成要素を検討する必要がある。

3．多様化する福祉ニーズに対応するために

　一方で、公益性は「イコール・フッティング論」あるいは異なる事業者を比較する際の判断基準だけにとどまらず、これから多様化していく福祉ニーズに対応するためにも重要である。

　社会福祉の歴史からみると、公益性は福祉サービスの固有な性質の一つとして捉えられる一方で、その意味合いは時代の移り変わりとともに変化しつつある。戦後の福祉サービスは、低所得層・困窮層を対象とするサービスとしての性格を色濃く有していた（菊池 2008）。そのため、戦後の社会福祉における公益性は、少数者・社会的弱者の利益に関わるものであったと考えられる。

その後、福祉サービスは「救貧・防貧」だけにとどまらず、生活上に援護を要する人々を対象とすることとなった。さらに、近年になると、社会的包摂が提起され、これまで社会福祉の範疇から排除されてきた人々に対応するために、すべての人を対象とする新たな福祉サービスの提供が求められるようになってきた。つまり、社会福祉における公益性は「少数者・社会的弱者」から「すべての人」の利益に関わるものに変化してきたともいえよう。

　これから複雑化・多様化していく福祉ニーズに対応するには、多種多様な福祉サービスの提供が期待され、営利または非営利の福祉サービス事業者に対して、それぞれ異なる役割を発揮することが求められる。そのため、事業者たちはただのライバルではなく、ある意味で協力しながら福祉サービスを提供する相補的な関係にあると考えられる。

　そして、事業者たちの相補的な関係に基づいたサービスの提供にあたって、公益性は基本的な要素として、サービスの質を担保することができると考えられる。そのため、これからの社会福祉においては、それぞれの事業者がもつ公益性を維持し、高めることが重要になるであろう。

（孫琳）

診療報酬と医療ソーシャルワーカー

1.「医療サービスの料金表」

　２年に一度、診療報酬が改定される。医療機関にとっては経営に影響する一大行事である。「やってきたことに評価がつく」「マイナス改定、改悪政策だ」「〇〇料が新設された、加算がついた、廃止された」などと大騒ぎになる。少なくとも、かつて私が所属していた２つの急性期（一般）病院とその周辺では、そうであった。

　診療報酬制度の詳細については紙幅の関係で控えるが、政策による国の保険医療のあり方の評価および今後の方向性を示すインディケーターである。

　一方で、国民にとって診療報酬は、「保険医療の『範囲と質』の保障」および「国民が保険で受けることができる診療の範囲を定めた『医療サービスの料金表』」（保団連）である。診療報酬は点数制で、１点 10 円として国民は、医療保険の負担割合にそって受ける医療サービスを買うことになる。

2.　診療報酬における医療ソーシャルワーカー

　診療報酬に医療ソーシャルワーカーが初めて位置づけられたのは、1983 年、老人保健法の診療報酬における退院時指導料 100 点であった（高山 2019）。「病状の安定した老人が安心して退院し、家庭で療養できるように、退院時には家族等を含めて医師や看護婦、医療ソーシャルワーカーなどによる在宅療養に関する指導を受けられるよう退院時指導料を新設」（厚生省 1983）と明記された。背景には 70 年代の老人医療無料化政策がある。高齢者の外来サロン化や社会的入院、寝かせきりを生んだことが要因として大きい。表向きは、高齢者の人権尊重と介護する家族への支援が目的である。内実は、少子高齢といった人口構造や疾病構造の変化を見通した医療財源の支出抑制、いわゆる医療費適正化と地域移行を見据えたものであったことは周知のとおりである。

　診療報酬に組み込まれることで、医療ソーシャルワーカーは、「退院援助」を通して担う病院経営や組織運営管理の役割に重きが置かれるようになってゆく。

その後、90 年代の基礎構造改革、病院機能分化、在院日数短縮化、2000 年の介護保険制度、地域移行などを経て、診療報酬に社会福祉士が位置づけられたのは 2008 年の診療報酬改定においてである。後期高齢者の計画的な退院援助に対し退院調整加算（のちに現：入退院支援加算へ）100 点が創設された。「病院にあっては当該部門に退院調整に係る業務の部門の十分な経験を有する専従の看護師又は社会福祉士が一名以上配置されていること」（平成 20 年厚生労働省告示第 62 号）と記された。

　2021 年現在は、退院の支援における保健医療福祉の包括的展開、つまり地域移行過程のチーム医療や地域連携体制構築に対する評価がある。介護支援等連携指導料 400 点や退院時共同指導料 1（1500 点・1 以外 900 点）・2（400 点）、多機関共同指導加算 2000 点である。これらに保険医、看護師に続き、他専門職とともに社会福祉士が明記されている。

　すなわち、診療報酬において、医療ソーシャルワーカーおよび社会福祉士は、患者の退院を支援する要員として、意図的に位置づけられてきた。

　医療ソーシャルワークに従事しない人にとっては急増する複合的な問題を抱える高齢者の「退院援助」を、医療ソーシャルワーカーが担うことに何の問題があるのかと疑問を抱くであろう。その支援プロセスには、傷病とともに生きる支援対象者の人権と暮らしをまもるという重要な意味がある。

　しかし、早期退院、転院勧告に、患者・家族は「なぜ完治していないのにすぐに退院させられるのか」「この病院（急性期）で入院治療を続けたいのに、なぜ別の病院（慢性期）に移らないといけないのか」「家には帰れない」と不安や憤り、混乱の中に陥った。

　医療ソーシャルワーカーは、思いを受け止めながらも、支援対象者の思いの実現以上に、患者や家族へ説明と説得を重ね、仕組みとの折り合いをつけてゆくことに心身と時間を削った。人権と暮らしをまもり、社会正義を追求する使命があるにもかかわらず、組織からは経営管理、効率重視の「退院援助」を求められ、患者・家族からは『追い出し屋』と揶揄された。自身もまた専門的価値と現実との間に葛藤を抱き苦悩した。

　医療ソーシャルワーカーは、診療報酬からプラス、マイナス両面の影響を受けながら医療組織内外での立ち位置と役割を獲得してきたといえる。

3．医療政策決定プロセス参画の仕組みづくり

　日本医療政策機構は、2019年度に全国20歳以上の男女2000名を対象に「2019年日本の医療に関する世論調査」をおこなっている。そこでは「79.6%が自分の声を医療政策に反映させたいと思うと回答。一方で、『医療制度を作る過程での国民の声の反映』について満足しているのは、わずか33.7%にとどまった。このことからも、多くの国民が医療政策決定プロセスへ何らかの形で関わりたいと考えていることが明らかになった。（略）国民一人一人が医療システムにオーナーシップを持ち、国民が政策決定プロセスへ参画する」（日本医療政策機構）ことを目指す重要性を示している。

　この実現には、国民が医療政策決定プロセスに参画できる仕組みづくりへの働きかけが必要である。退院援助を通し一人ひとりの傷病と暮らしに向き合い、その声を間近に聴いてきた医療ソーシャルワーカーでしかできない社会への働きかけがあるはずだ。

　付言すると、国民が政策決定プロセスへ参画する仕組みづくりの働きかけに対し評価点数化する大胆な診療報酬案を提示できる政策の力量にも期待したい。もちろん、そこには評価指標が必要となる。

　2022年、次期診療報酬改定が示される。どのような評価と方向性が示されるのか、国民として、またソーシャルワーカーとして注視してゆく。

（小畑美穂）

障害者と生活困窮者に関わる福祉政策　　解題

　以下の４つの章で、障害者福祉に関する評価、生活困窮者支援に関する評価を取り上げる。なぜ、この２つが一つのグループを形成しているか疑問に思う人もいるかもしれないので、この２つの分野の共通点を示したい。

　第１に、いずれの分野でもこれまでの政策体系のあり方が限界を迎えていることが意識されている。障害者福祉の分野では、従来の「三障害」（身体障害者、知的障害者、精神障害者）と呼ばれるような障害別の制度設計のありようが批判されて久しい。また、入所施設を中心とした社会資源のありようも疑問視されている。一方、生活困窮者自立支援の分野は、存在そのものが旧来の政策体系の限界を示している。すなわち、生活困窮者自立支援制度は、第４章の五石論稿で指摘されているように、労働市場に参加できる人 or 福祉就労を目指す人といった二分法の隙間に落ちてしまう人のために必要とされた仕組みである。さらに、第５章の佐藤論稿でも指摘されているように、生活困窮者自立支援制度の対象となる人の中には、見逃されてきた障害や虐待等の過酷な経験、ひきこもり・家庭内暴力、何らかの理由で社会福祉制度を利用できずに相談に来る人もいる。「生活困窮」を入口に実際には様々な課題と対峙しているのがこの制度である。

　第２に、対象となっている人や支援の担い手として奮闘している人が、細やかな評価を必要としている。たとえば、障害者福祉でも生活困窮者支援でも就労は大きな目標であることには違いがない。しかし、いずれの分野においてもゴールからの距離の様々な人たちが混在している。それにもかかわらず、一般就労だけを目標に取り上げられれば、支援を受けている人たちは、いつまでも目標を達成できない人たちと誤解され、支援者もきちんと自分の仕事をしていないと思われてしまう。それでは、就労以外にどんな目標がありうるのか。また、わかりやすい指標だけでは困るというならば、どんな指標がありうるのか。「意欲」や「社会性」を測るにはどうしたらよいのか。現状では、測定したい指標のうち、どれくらいが実際に測れているのか。さらにいえば、たくさんの側面を評価しようとして逆に困ってしまうことはないか。

　以上を念頭に読み進めていただければ、各章での学びがさらに深まるはずである。この課題は、まだまだ議論すべきことがある。読者にも障害者・生活困窮者支援に

おける評価の問題について、本書をきっかけに関心をもっていただきたい。

（廣野俊輔）

第2章

サービス供給モデルの特性に基づく政策評価の試み

障害者政策における合目的性への視座

山村りつ

グラフィック・イントロダクション

図表2－1　本章の問題意識

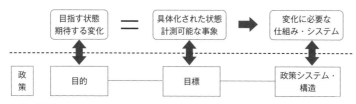

出所）筆者作成

　図表2－1に示すように、本来政策は何らかの目的のために策定され、それをさらに具体化した目標と、その実現のために構築された政策システムや構造によって構成される。障害者政策ではその前提に現実の障害者の生活とニーズがあり、政策はその具体的な問題解決の手段として用意される。このような政策の役割を考えた場合、その目的・目標・政策システムは、それぞれ論理的整合性が保たれた「目指す状態や期待する変化」「具体化された状態や事象」「実現のために必要な仕組み」と一致すべきであると考えられる。

　一方で、特に障害者政策で実際に掲げられる目的や理念には抽象的・概念的なものが多い。これは、障害者政策が大きくは障害者の権利保障を目指すもので、様々な理論や価値を背景としたある種の「理想」を掲げるものであり、それが目的に反映されるためだといえる。またその「理想」こそが障害者政策の重要な要素でもあるだろう。しかし、同時にその目的や理念と、その具体化を経たアウトカム指標としての目標や政策システムが必ずしも整合性が取れていない場合もある。これは政策としては大きな欠点であるといえ、政策評価においても本来着目されるべき点である。これが本章の根本的な問題意識であり、実際の政策・制度を用いてこの目的と政策システムや構造との整合性、つまり政策の合目的性を評価しようと試みるものである。

1. 何が問題か／事前評価の不在と政策の合目的性

（1）政策の目的と実際の構造の関係とその評価

　障害者政策の研究を続けるなかで、政策を形成する種々の法律や制度に掲げられる目的にある種の白々しさを覚えることがある。自立や社会参加、権利といった聞こえのいい言葉が並ぶが、実際の制度を見る限りどのようにしてそれらの理想的な状態を実現しようとしているのか、その具体的な論理と意図がみえないのである。

　理念的な言葉で表現される法律上の「目的」に対して、実態としてもっとも具体化された状態である「政策システム・構造」の間には説明が必要になる。一方で「目的」そのものを具体化した（測定可能な事象に置き換えた）「目標」には、その達成のための政策の作用と社会的な力動を説明した「論理」が本来はあり、その「論理」が「目的」と「政策システム・構造」のつながりを説明するものとなる。また「目標」はアウトプットやアウトカムの指標として示され、「論理」は指標の設定理由となる。

　龍と佐々木（2004）が評価対象として挙げたうち、目的と政策システム・構造の整合性はセオリー（理論）の評価項目に含まれ、この評価は事前評価に位置づけられる。セオリー評価では投入（Inputs）→活動（Activities）→結果（Outputs）→成果（Outcomes）のつながりを説明し、最終的にそのロジックモデルを得る。それがないままに政策の策定と実施がなされた結果目的が形骸化し、成果がみえないあるいは異なる成果を引き起こすような政策となることが問題であるといえる（龍・佐々木 2004）。

　日本の障害者政策においても当然、新たな政策や制度の策定、その改変はおこなわれている。しかし、その多くではセオリー評価やそれに類する事前評価は十分に実施されていない。それはそこに明確なロジックモデルが存在しない可能性を示唆するものであり、またそのような策定や修正がどのようにおこなわれてきているのかについて精査の必要性を喚起させる。

　そもそもセオリー評価においては、単に投入（inputs）とシステム・構造だけではなく、そこで人々がどう動くか、その動きにどのような文化的あるいは社会的影響があるかなど、多くの「生きた」データの検証が必要になる。そこ

で重要となるのがパイロット・プロジェクト（試験的実施）であるが、この点についても日本では、政策策定全般においてその重要性が十分に理解されていないとされる（龍・佐々木2004）。

(2) これまでの研究と本章の課題

そもそも障害者政策の評価に関する研究は決して多くなく、そのなかでもおこなわれた研究の多くは、政策の実施に伴うアウトプット・アウトカム指標を用いた「結果の評価」が中心となっている。この背景には、障害者政策が多くの障害者の生活に直接的に影響を与えるものであるため、個別の政策の実施後に起きた変化が研究のテーマになりやすいことや、現在では障害福祉計画に関連して事後評価がおこなわれることなどがあると考えられる。

一方で、事前評価や政策の効果という点では、特にEBPM（Evidence-Based Policy Making）の登場により注目が高まっている（西出2020）。障害者政策における事前評価という点では、北川（2018）が一部の障害者政策における規制の事前評価に着目している。また、新田（2016）の研究は、障害者自立支援法が総合支援法へと改正される過程においてその目的がどのように変化させられていったかを詳細に分析している。

北川や新田による研究は非常に示唆に富むものであるが、本章では目的と政策システム・構造の整合性が取れていないという仮説から、ではどのように整合性を図るのか、また実際に整合性はとれていないのかという問いに取り組む。ただし、既存の政策はすでに事前評価の段階を過ぎているため、本章ではその整合性すなわち政策システム・構造の合目的性を帰納的に評価することを試みる。つまり、現行の政策システム・構造からその合目的性を説明しようとするものである。なお、ここでは特に対人サービス給付の構造に焦点を絞り、その評価をおこなっていく。

2．対人サービス給付システムによる評価

(1) 対人サービスの供給モデル

障害者政策において様々な対人サービス給付は、いずれの国・地域において

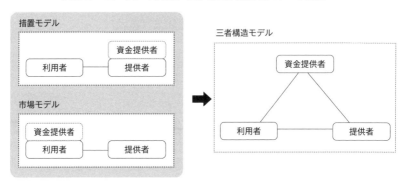

図表2－2　ケアの供給における三者構造モデルへの変化

注）図中では本文中の３つのアクターを便宜的に、利用者、提供者、資金提供者としている。
出所）筆者作成

も主要な部門の一つになっている。ながらく家族が担ってきた障害者のケアは、
ノーマライゼーションの理念の浸透や当事者や家族による運動を経て社会化が
進んできた。ケアの職業化あるいは賃労働化とも言い換え可能なこの社会化の
ためのシステム構築の結果、現在ケアの供給は従来の二者関係から主に３つの
アクターによる構造を採るものが中心になっている。すなわち、サービスを利
用（受給）する者・提供（実施）する者・資金を提供し管理する者の三者であ
る（図表２－２）。以下、このモデルを三者構造モデルと呼ぶ。

　このような構造の変化の背景には、イギリスから始まった福祉ミックスの考
えや世界的な新自由主義への傾倒などの社会的な流れがあり、障害者を含む
様々なケアサービス給付体制に影響を与えた。この三者構造モデルの拡大には
モデルのもつ有効性があったためであり、障害者の生活や障害者政策における
有効性として、「障害者自身による選択の実現」や「実施主体やサービスの多
様化」「サービス供給の効率性の向上」などが挙げられた。日本の障害者政策
でこのシステムを採った障害者自立支援法（現・障害者総合支援法）でも、制
定当時、そのような点から新制度の有効性が説明された。これらの点を障害者
の生活への貢献・効果として整理したものが図表２－３である。

　このように、これらの特性を含んだ政策システムによって図表２－３の右端
に掲げられるような効果があるといえ、換言すればそのような目的を掲げた政
策について合目的的であるということがいえる。しかしながら、図表２－３に

図表2－3　三者構造モデルによって期待される障害者の生活への効果

特徴	サービス給付体制にみられる変化		障害者の生活への貢献
障害者自身による選択	⇨ 自己決定・自己選択の実現		⇨ 自律の拡大→QOLの向上　ニーズ充足の促進
実施主体の多様化　サービスの多様化	⇨サービスの種類増　⇨サービスの質の向上	充足可能なニーズ範囲の拡大	→QOLの向上　自立した生活や社会参加の拡大
サービス給付の効率化	経済面の削減や効率化　⇨資源の有効活用	必要な制度の充足持続性の確保	安定したサービスと生活

出所）筆者作成

示される特徴から効果への流れは必然的ではなく、その帰結には複数の条件がある。そこでその条件を満たしているかが、政策の評価には重要になってくる。そこで次からは、それら個別の条件についてみていく。

（2）政策システム・構造からみる三者構造モデルの評価の要素

1）「障害者自身による選択」の条件

三者構造モデルにおいて障害者自身による選択が実現するための条件には「十分な選択肢の種類と数の保障」「制度へのアクセシビリティの保障」「本人の意思決定の保障」「やり直しができる体制の保障」などが考えられる。これらの条件をさらに細分化し、より具体化したのが図表2－4である。

2）「実施主体およびサービスの多様化」の条件

サービスの多様化は前段の障害者自身による選択においてもサービスの種類や量の確保という点から重要となる。しかし、福祉ミックスのようにサービスの提供主体の多様化を前提とする体制の場合、サービスの多様化のためには提供主体への動機づけと政策的誘導が重要となる。サービスの多様化については、介護保険法や自立支援法の施行とともに結果的にサービスが多様化してきたプロセスなどが研究されてきたが、制度的基盤としてのサービス多様化の条件としてはあまり明確にされていない。

介護保険制度などの研究から指摘される点としては、大前提として「参入可能な主体の拡大」や「認可要件の緩和・柔軟化」が必要となる。また、多様な主体が同一のサービスを提供することを防ぐための差別化への動機づけとして「競争が発生する体制」が挙げられ、差別化のためには「多様なサービス形

図表2-4 「障害者自身による選択」の条件と評価項目

大項目	小項目	評価に用いる項目
十分な選択肢	サービスの絶対量	認可を受けた事業数・定員数・人員数、対人口比など
	サービスの種類数	制度の対象となるサービスの種類など
	各自の利用可能範囲	障害の程度による限定の度合い
アクセシビリティ	物理的アクセシビリティ	バリアフリーの義務規定、設備や人員配置の基準、提供者への経済的支援の有無など
	経済的アクセシビリティ	低所得者のための費用負担軽減措置、応能負担制度の有無など
本人による意思決定	決定プロセス	本人の参加方法と程度、意思確認やアセスメントの手続きの基準や規定、審査の有無など
		意思決定支援者の権限と中立性の程度や規定の有無、支援者の資格要件・養成システムの有無（技能と資質の確保）など
やり直しの保障	見直し	定期的なモニタリング、更新制度、第三者による審査などの有無
	異議申し立て	窓口の設置、申し立て制度、第三者による審査などの有無
	補償・賠償	補償および賠償のための法的基盤の有無

出所）筆者作成

態の承認」も必要となるが、これは様々な主体の参入可能性を高めることにもつながる。また「競争が発生する体制」は、特定の提供主体の参入には必須の「サービス自体の営利事業化と採算性の確保」とも直接的に関係する。一方で、多様な主体の参入の結果として起きるサービスの偏在と部分的な不在を防ぐために「特定の事業の設置義務」などの規定も必要となる（図表2-5）。

3）「サービス給付の効率化」の条件

　三者構造モデルによるサービス給付の効率化の可能性はまず、主にサービス給付における市場原理の導入とその理論に基づいて示される。そのため、先に挙げた利用する側の選択や提供主体およびサービスの多様化があって初めて実現するが、さらに加えて次のような条件があると考えられる。

　市場原理を理論的根拠とするためには、その活動主体、すなわちサービス提供者が市場原理に基づいて行動する主体であることが求められる。つまり、あ

大項目	小項目	評価に用いる項目
参入可能主体の拡大	認可の緩和	事業形態の条件、実施体制や規模などの要件の水準（緩和の程度）など
	多様なサービスの承認	サービス種別や形態における要件の水準（緩和の程度）など
競争の発生	選択によるサービス利用	選択の決定方法（主体、手続き方法、基準など）
	費用配分	サービス量に応じた費用分配、選択の主体や第三者による評価の反映の程度など
営利事業化と採算性		サービス価格の水準、サービス価格の統制の程度、事業運営費用
サービスの偏在対策	特定事業の確保	特定事業の価格や事業費の優遇、実施における負担軽減の有無など
		行政による設置義務規定の有無、国と地方自治体の役割

出所）筆者作成

図表2-6 「サービス給付の効率化」の条件と評価項目

大項目	小項目	評価に用いる項目
市場原理の導入	利用者の選択	事業の実施における規制 ※「障害者自身による選択」（図表2-4）
	営利活動団体の参入（様々な主体の参入）	参入可能な団体の種別、団体の種類別の割合（事業数、サービス量）など
資源の有効活用	行政の役割の縮小	

出所）筆者作成

る程度の割合でいわゆる営利活動をおこなう団体が含まれることや、サービス事業による利益を活動の基盤とする団体が参加していることが必要となる。一方で、資源の有効活用という点からは、それ以前の供給モデルとの対比において行政の役割が相対的あるいは絶対的に縮小し、代わりにそれまで無かった供給主体が参加することが求められる。これらのことから、サービスの供給者の種別とその割合を考慮に入れることが求められるといえる（図表2-6）。

4) 政策評価に用いる際の課題

　このように、三者構造モデルの利点として挙げられる特徴が実現するための条件を評価の項目に置き換えることで、供給モデルがどの程度その特徴を実現しうるものであるかを評価することができる（ただし、これらの条件を満たさ

なかったからといってその特徴を有しないということはできないという点にも注意が必要である）。換言すれば、制度の目的と三者構造モデルの整合性を論理的に説明することになる。しかしながら、これらの評価項目の設定は容易ではない。

　まず、より厳密な評価をおこなうためにはその項目は多岐に渡り、それぞれに理論的根拠の獲得が求められる。また、それだけでも膨大な作業を要するだけでなく、上述した内容からもわかるように、相互に関連しあっていることを考慮に入れなければならない。一方が他方の成立要件である場合や、共通する評価項目が全く逆の意味をもつ（一方にとって高評価であることが他方にとっては低評価となる）場合もあるだろう。さらに、個別項目の評価を総合的な評価として統合する手続きを考える必要もある。

3．総合支援法を例にした評価の試み

（1）障害者総合支援法の目的

　日本では障害者に対する社会サービス給付は主に障害者総合支援法（以下、総合支援法とする）によって制度化されており、また三者構造モデルを採る制度でもある。そこで一つの試みとして、上記の評価項目を用いた総合支援法の評価をおこなってみたい。ただし、上記の全項目の評価を行い総合的な結論を出す余裕はここではない。また、個別の項目の厳密な評価のための指標化や手続きの標準化をおこなうことも難しい。そのため、ここでは上記項目の内から「障害者自身による選択」の項目に絞り、それぞれの項目について一般的な情報の確認をおこなうことで評価の予行演習をおこなうこととしたい。

　まず、総合支援法の目的と基本理念を確認しておく。同法の第一条ではその目的を「障害者及び障害児の福祉の増進を図る」こと及びすべての「国民が相互に人格と個性を尊重し安心して暮らすことのできる地域社会の実現に寄与する」こととしている。さらに基本理念のなかで障害者の「社会参加の機会が確保されること」及び「どこで誰と生活するかについての選択の機会が確保」されること、「地域社会において他の人々と共生することを妨げられないこと」「日常生活又は社会生活を営む上で障壁となるような社会における事物、制度、

慣行、観念その他一切のものの除去に資すること」が挙げられている。また、同法がその基本的理念にのっとることを旨としている障害者基本法では、第一条（目的）において「相互に人格と個性を尊重し合いながら共生する社会を実現する」ために「障害者の自立及び社会参加」を支援することを謳っている。

　これらの記述から、総合支援法の目的は障害者の「地域での自立生活」と「社会参加」、その際の「選択の機会の保障」であるということができる。さらにこれらを図表2-3の三者構造モデルの特徴と照らし合わせた際、「障害者自身による選択」と「実施主体および供給主体の多様化」との関連が推察できる。すなわち、サービスの多様化と当事者による自己選択により、個々の生活ニーズに合わせたサービス供給を可能とし、それによって地域での生活や社会参加を実現していくことができるという論理である。それに関連した項目が、同法がその目的に即した制度設計となっているかを評価する要点となる。

（2）自己選択・自己決定に関する評価

　障害者の自己選択・自己決定の実現は、総合支援法の目的に照らせば、「選択の機会の保障」に直接的につながるものであると同時に、個々のニーズに合わせたサービス供給を実現させるという点から、「地域での自立生活」や「社会参加」にも通じるものといえる。そして三者構造モデルにおける「障害者自身による選択」の特徴は、この自己選択・自己決定の実現につながるものといえる。

　図表2-7は、図表2-4から利用者に自己選択・自己決定に直接的なプロセスである支援計画策定の部分を取り上げ、整理したものである。

　総合支援法における支援計画は「サービス等利用計画」となる。それは支給決定段階から始まり、サービス利用の意向聴取では本人（障害児の場合は保護者）への面接が求められる。何らかの理由で本人による申請が難しい場合は代理人による手続きとなる場合もあるが、この段階においては一定の本人の参加が確保されているといえる。しかし、最終的な支給決定をおこなう審査会では、必要な場合に「本人からの意見聴取ができる」とされるにとどまっているため、必ずしも参加が保障されているとはいえない。また、支援計画案の策定に関して重要となるサービス利用の意向聴取や策定時のニーズアセスメントの方法は

図表2-7 支援計画策定プロセスにおける自己選択・自己決定の実現の条件とその評価

	評価に用いる項目	項目の説明と評価
決定プロセス →支援計画等の 作成プロセス	本人の参加方法と程度	支援計画等の策定において本人の参加がどの程度でどの程度保障されているか。 評価：基本的に本人の参加が求められるが、本人が関わることができない段階もある。
	アセスメントの規定	アセスメントの方法は一般化あるいは標準化されているか。 評価：されていない。
	審査システム	支援計画とその策定プロセスを審査するシステムはあるか。 評価：標準化されたものとしてはない。
	サービス等利用計画の 作成者の中立性	支援計画等の作成者は中立的であるか、その外の支援者はいるか。 評価：当該作成者はサービス実施事業所に属していて、完全に中立的とは言い難い。
	サービス等利用計画の 作成者の資質	サービス等利用計画の作成者にはどのような資格要件があるか、養成システムはあるか。 評価：一定の資格要件が定められており、その中の一つに研修がある。

出所）筆者作成

標準化されておらず、基本的に各事業所や支援者に任されている。

　そこで重要となるのがサービス等利用計画の作成者の存在である。総合支援法では支援計画案の策定を指定特定相談支援事業所に所属する相談支援専門員によるものとしている。その上で、相談支援専門員の資格要件として実践経験や研修を定めているほか、支援計画案の策定自体を一つのサービスとして位置づけ有資格者による策定が担保されるようにしている。なお、当該資格要件が利用者の自己選択・自己決定の実現という点からどう評価されるかという点については精査が必要であるだろう。また、総合支援法上の当該相談支援専門員が属する事業所はほとんどが実際の支援サービス実施者でもあり、サービス等利用計画の作成者の中立性という点では課題が指摘される。

　このように、支援計画策定プロセスだけをみた場合、総合支援法において利用者の自己選択・自己決定を実現していくためにはサービス等利用計画の作成者がカギであり、その専門性や中立性が十分に担保されず、策定プロセスの審査が標準化されていない現状では、利用者の自己選択・自己決定が脅かされる

可能性があると考えられる。それは総合支援法の目的が達成されない可能性を示唆するものであり、翻って総合支援法がサービス等利用計画の作成者の役割を見直し体制を整えることが総合支援法に求められるということができる。

(3) 政策システム・構造からの評価の限界

　ここまで政策システム・構造の特徴から条件を導き出し、それを以て政策の合目的性を評価するという試みを行ってきた。この試みの目的の一つは、政策がその掲げる目的と政策システム・構造との整合性を実現することであり、それにより障害者の生活に有益な政策が実現することであった。

　しかしながら、政策システム・構造がもたらす影響は多岐に渡りかつ複雑に関連しあっているため、包括的な評価をおこなうことは多大な困難と課題があり現実的とは言い難い。龍と佐々木（2004）で提示されたセオリー評価は、その説明をみる限りシンプルな単一の目的を想定したものであり、総合支援法などの法律が掲げる包括的で概念的な目的に対しては使い勝手の悪いものとなる。だからこそその目的からではなく政策システム・構造からの帰納的な評価の試みでもあり、細かな特性の一つひとつを検証するこの方法ではそのような課題が生じることは必然的ともいえる。

　また、この方式による評価は、既存のモデル（システム・構造）と目的との整合性は確認できるが、それ以外のモデルや要素についての検討はできないという点でも限界がある。今回のように、既存のモデルでは自己選択・自己決定の実現には不十分であるという評価がなされたところで、それではどのようなモデルであればよいのかという問いに答えることはできない。あるいは、そのモデルの構造的特徴がもたらす以外の要素についても検討はできない。

　このように、既存の法制度やプログラムに対して、そのシステム・構造から目的との整合性を評価することには限界がある。そのため、政策の枠組みの構築段階からその目的との整合性をもった構造の構築が必要といえる。同時に、今回の試みのようなシステム・構造の特性から導き出される評価の項目は、政策評価におけるアウトカム指標として利用可能となるものも多く、その観点から評価枠組み、あるいはアウトカム指標の策定方法の一つとして活用することができるのではないかと考える。

4．政策の合目的性は検証できないのか

（1）合目的性の不在と背景

　政策の評価はそれ自体の意義だけでなく、その結果をどう活用するかに大きな意味がある。明らかになった欠点や利点を踏まえて修正などのフィードバックをおこなうことや、あるいは要因や背景を考察・分析し、なぜそのような状況になったのかを明らかにすることなどである。今回の試みを通じて、現在の総合支援法のシステム・構造の合目的性という点からの不十分さが示唆されたが、ではなぜそのような状況が起きたのかを考えた際、障害者政策におけるそもそもの合目的性の不在という問題が示唆される。

　三者構造モデルのもつ特徴からの考察では、一定の条件を満たせば総合支援法の目的の一部である自己選択・自己決定の実現が叶う（合目的性がある）ものであったが、詳細な条件を精査した結果、いくつかの課題が示唆された。では、そのようなモデルがなぜ採用されたのか、どこで齟齬が生じたのかを策定の道程から振り返ってみると、そもそも目的と政策システム・構造の整合性がその策定過程において考えられていないと推察される状況がある。

　たとえば総合支援法に関する新田（2016）による目的策定過程の分析をみると、「障害者の生活において何を実現するか」よりも、法律の文言としての適

図表2－8　自立支援法と総合支援法の目的と内容の比較

	自立支援法	総合支援法
目的	・（障害者が）その有する能力および適正に応じ、自立した日常生活または社会生活を営むことができるよう、 ・必要な障害福祉サービスに係る給付その他の支援を行い、	・（障害者が）基本的人権を享有する個人としての尊厳にふさわしい日常生活または社会生活を営むことができるよう、 ・必要な障害福祉サービスに係る給付、地域生活支援事業その他の支援を総合的に行い、
内容 （変更点）	・障害者の範囲：身体・知的・精神（発達を含む）障害者 ・障害程度区分	・障害者の範囲：身体・知的・精神（発達を含む）障害者に加え一定の難病指定者の追加 ・障害支援区分、知的および精神障害の判定における配慮と対策の実施 ・地域を中心としたサービスの対象範囲の拡大 ・地域生活支援事業の拡大と強化

（それぞれの条文より一部抜粋）

正や政府の限界に合わせた表現を探る言葉遊びゲームのような様相を呈している。そして実際、前身である自立支援法からの目的の修正内容と、実際の制度やプログラムの変更内容は必ずしも一致しているとは言い難い（図表2−8）。

（2）障害者政策の形成における特徴

　総合支援法が合目的性を欠いて策定された背景にはいくつかの内在的および外在的な要因が考えられる。それらは、障害者政策全般に通じるものでもある。

　内在的な要因としては、障害者とその生活、そして支援を取り巻く理念的な基盤がある。障害者の生活はノーマライゼーションの概念の登場とその運動の拡大・発展を経て大きく変化してきた。そのなかで障害者の権利に関する理念が形成され、支援において自己決定や社会参加といった考えが定着していった。そのような理念の具現化の過程として発展してきた障害者政策は、その目的において非常に概念的な表現を用いることが一般的となっている。一方で、実践領域においては個別化や個人化が叫ばれるようになり、実際の支援活動を一般化することは難しくなっていき、政策の目的はそれらを包括的に含むためにさらに概念的な表現になっていく。このことが、合目的性を担保しづらい状況を生むと考えられる。

　それに対し、外在的な要因とは政策策定の動機、他領域のケアサービスの動向、社会保障制度全体の財政的課題などである。障害者政策が策定される際、どのような動機によるかは政策の傾向を方向づける。たとえば条約や国際機関からの勧告などの国際的な要請による場合、それは自発的動機を欠きそれらの外部からの要請に従うことを主眼においた政策策定がおこなわれ、細部の確認が不十分になる場合が考えられる。

　また政策策定の動機の如何にかかわらず、策定段階において既存の類似した政策を参考にすることは当然考えられる。総合支援法の場合、その前身である自立支援法の策定段階から高齢者介護サービスの給付制度である介護保険法が先にあり、その大部分を踏襲したものとなっている。その際、介護保険法と自立支援法の目的の違いについてどのような検討がなされたかは確認してはいないが、介護保険法のシステム・構造ありきであった可能性は否めない。あるいは、介護保険法自体もイギリスの介護サービス給付体制をかなりの部分で参考

としており、そういった先行事例の影響が目的との整合性よりも優先されている可能性が考えられる。

　さらに日本においては、社会保障制度全体が抱える財政的課題が障害者政策のシステム・構造の形成にも影響を与えていると考えられる。その点は新田（2016）が分析した総合支援法の目的の策定過程にもみられ、最初からできることとできないことを想定した上で目的の表現を調整しているといえる。

　このように、障害者政策においてはいくつかの要因により目的と政策システム・構造が策定段階から十分に関係づけられていないことが推察される。あるいは、そういった諸々の事情により、政策の背景に複数の時には相反する意図が内在させられることにより、整合性を図ることが難しくなる。つまり、問題は目的とシステム・構造の整合性がとれないことではなく、そもそも整合性をとるように政策が作られていないということだと考えられる。これはまさに、政策の「目的が形骸化した状態」（龍・佐々木2004）ということになろう。

5．これから深めていくべきテーマ／3つの課題の検討が必要

　障害者政策における合目的性は、障害者の生活への影響を考えれば非常に重要な課題であるにもかかわらず、これまで十分に研究や議論がされてこなかった。しかし、政策評価への注目が高まり政策の成果が問われるようになった今、その前提としての政策の正当性を示すための合目的性などの検討はより重要な意味をもつようになると考えられ、次のような点について今後深めていくことが求められると考えられる。

　一つ目は政策策定プロセスの検討である。特に、どのようなアクターと要素により政策の目的と理念、そしてそれを具現化する方法としての政策のシステム・構造が形成されるかという点について検証する必要があるだろう。

　また、様々なシステムや構造がその制度としての実施によりどのような直接的・間接的影響を与えるのかという点についても検討される必要がある。特にサービス給付において、現在三者構造モデルによる給付が広く普及しているが、その効果や利点については所与のものとされ、大きな疑問をもたれないまま拡大してきた感がある。しかし、実際には三者構造モデルといってもバリエー

ションがみられ、またその他の政策や社会的要件によってもその影響は異なると考えられる。

　最後に、これまで障害者政策の研究において、その掲げられる目的に対する注目があまりに少なかったのではないだろうか。専門職教育のなかでは目的や理念の変遷、特に「社会参加」や「自立」などの表現の変化は重要なものとして教えられるが、実際にそれが実践にどう生かされ障害者の生活をどう変えたのかについてはあまり言及がない。それでは法律の目的とは何なのか。政策自体が別の意図（社会的要請や他領域との調整）のもとに作られ、単にお飾りのようなものとして作られただけなのか。その問いに答えることすら十分にできないのが現状である。その点についての問題意識をもつことがまずは求められるのかもしれない。

手にとって読んでほしい５冊の本

1. 北川雄也（2018）『障害者福祉の政策学―評価とマネジメント』晃洋書房
   障害者政策の評価を分析し、政策の成果ではなく構造的側面からの評価を試みた一冊。
2. 京極高宣（2005）『新版 国民皆介護―障害者自立支援法の成立』北隆館
   障害者自立支援法当時、批判的な論調が多いなかで政策立案者の立場から書かれた一冊で、対局に位置する双方の主張を知るためのものとして一読すべき著作。
3. 佐橋克彦（2006）『福祉サービスの準市場化―保育・介護・支援費制度の比較から』ミネルヴァ書房
   イギリスから持ち込まれた準市場の概念を日本の実際の制度を用いて説明している。三者構造モデルの構造的理解を助けるものとして。
4. 隅河内司（2018）『障害者相談支援における「実践課題の政策化」の理論形成―ソーシャルワークと自治体福祉政策の発展』ミネルヴァ書房
   障害者支援の実践上の課題をどう政策に反映させるかを検討し、両者を結びつけることの難しさを垣間見ることができる。
5. 山村りつ編著（2019）『入門障害者政策』ミネルヴァ書房
   日本の障害者政策の全体像を整理し網羅的に説明した一冊。障害者政策の基本的構造と関係性を理解するために。

第3章

なぜ評価に目が向かないのか？
障害福祉計画に関する問題提起

廣野俊輔

グラフィック・イントロダクション

図表3－1　施設入所者の推移

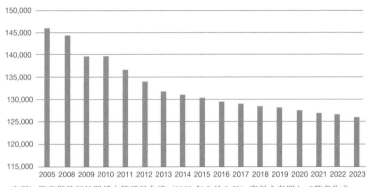

出所）障害保健福祉関係主管課長会議（2020年3月9日）資料を参照して筆者作成

　図表3－1は、障害者支援施設等に入所している障害者の推移である。日本では、2000年代初頭からこの施設入所者をいかに減少させるかが大きな政策上の課題となっている。その背景には、世界的に入所施設から地域生活へと移行しようとする流れがあること、日本では、精神科病院を中心に患者（入所者）に対する人権侵害が繰り返し起こってきたことがある。2006年に発効し、2014年に日本が批准した障害者の権利に関する条約は、この流れを少なくとも意識の上では強めている。というのも、条約では地域での自立生活を権利として保障することを締約国に求めているからである（第19条）。

　しかし、この取り組みをうまくいっているとは評価できないようだ。図表にあるように施設入所者の減少は鈍化している。この施設入所者の削減は各自治体で策定する障害福祉計画を通して実現される。この計画にどんな課題があるのか。

1. 何が問題か／評価する意識の希薄さ

筆者はこれまでいくつかの自治体で障害福祉計画の策定に携わってきた。策定会議では、多くの関係者が時間を割いて一堂に会し、意見を出し合うにもかかわらず、策定の意義が充分に共有できていないと感じる場面も多い。おそらく、同様の会議に参加した経験のある人ならば、共感してくださるのではないか。

原因と思われる状況はいくつもある。関係者といっても、相談支援専門員、当事者、自治会代表、市民代表など様々である。これらの人をレクチャーもなしに委員にするのはどうなのか。委員会の開催回数は十分なのか。耳の痛い意見をいう人は委員から外されていないか。さらには、事務局を当該自治体が担うことについて「所詮はお役所仕事」といった批判も聞こえてきそうだ。[1]しかし、筆者には、これらとは別に大きな課題が横たわっていると思えてならない。

というのも、委員でさえ策定された計画を評価しようとする意識が希薄なのである。本来ならば、計画は策定するだけでは意味をもたず、評価されて初めて活用しうる。それにもかかわらず、策定された障害福祉計画の評価に目が向かないのはなぜなのか？　これが本章の出発的となる問いである。

以上の問題設定は、障害福祉計画の策定に関わる委員にだけ関係しているのではない。計画の策定にあたっては、当該自治体内の障害福祉事業所の協力は必要不可欠であり、地方自治体も一定の時間と労力をかけて、計画を策定している。策定された計画がうまく評価されていないとすれば、これほどもったいないことがあるだろうか。

本章では、この問いを出発点として、次の順序で議論を進めていく。まず、障害福祉計画とはどんなものなのかを、関連する計画と比較しつつ明らかにしておく（2）。いわば議論の基礎となる部分である。次に、この分野の先行研究が何を問題にしているのかを整理する（3）。続いて、計画の目標値がいかに決められるのかを示し、「評価に目が向かないこと」に関連する課題を挙げる（4）。最後に、どうすれば、評価にもっと目が向くのかを考察し、今後研究すべきテーマを示す（5）。以上を通して、「どうせ、こんなもんだから割り切って時間を過ごして手当をもらおう」という姿勢から抜け出し、障害福祉計画策

定に少しでも寄与することを目指す。

2. 障害福祉計画とは何か？

　障害者福祉計画について説明するにあたって、障害者（基本）計画、障害児福祉計画といった同じ分野の計画と関連づけながら、特徴を示していく（図表3－2）。まず、障害福祉計画に関連するものとして、障害者（基本）計画がある。この計画は、障害者基本法第11条に規定されており、政府が障害者基本計画を、都道府県及び市町村が障害者計画を策定しなければならないとしている。政府の策定する障害者基本計画は、「障害者の自立及び社会参加の支援等のための施策の総合的かつ計画的な推進を図るため、障害者のための施策に関する基本的な計画」と説明されており、都道府県・市町村の計画も当該自治体の「施策に関する基本的な計画」とされている。

　次に、障害福祉計画は、障害者総合支援法第87条及び第88条に規定されており、都道府県障害福祉計画においては、①障害福祉サービス、相談支援及び地域生活支援事業の提供体制の確保に係る目標に関する事項、②各年度における指定障害福祉サービス、指定地域相談支援又は指定計画相談支援の種類ごとの必要な量の見込み、③地域生活支援事業の種類ごとの実施に関する事項、④各年度の指定障害者支援施設の必要入所定員総数等を組み込むことになっている。市町村の障害福祉計画では、都道府県障害福祉計画の説明で挙げた①〜③の項目等を含む。

　最後に、障害児福祉計画は、児童福祉法第33条の20及び第33条の22に規定されており、都道府県障害児福祉計画では、①障害児通所支援等の提供体制の確保に係る目標に関する事項、②当該都道府県が定める区域ごとの各年度の指定通所支援又は指定障害児相談支援の種類ごとの必要な見込量、③各年度の指定障害児入所施設等の必要入所定員総数等を組み込むこととされており、市町村の計画では上記の①〜②の項目等を含む。

　障害者計画が政府の障害者基本計画に即して各自治体において策定されるのに対し、障害福祉計画、障害児福祉計画においては、基本指針に即して作成される。基本指針とは、「障害福祉サービス等及び障害児通所支援等の円滑な実

図表３－２　障害者（基本）計画・障害福祉計画・障害児福祉計画の概要

	障害者（基本）計画	障害福祉計画	障害児福祉計画
概要	障害者施策の基本理念や方針を定めるもの	当該地域の障害福祉サービスの数値目標、必要量、必要量確保の方策を定める	当該地域の障害児福祉サービスの数値目標、必要量、必要量確保の方策を定める
根拠法	障害者基本法	障害者総合支援法	児童福祉法
主務官庁	内閣府（共生社会政策担当）	厚生労働省（社会・援護局）	厚生労働省（社会・援護局）
計画期間	規定なし ただし、基本計画は５年で策定されている。	３年	３年
政府レベルでの計画や通知	障害者基本計画	基本指針	基本指針

出所）筆者作成

施を確保するための基本的な指針（平成十八年厚生労働省告示第三百九十五号）」が正式名称であり、地方自治体が障害福祉計画に盛り込むべき項目を定めている。計画の期間に合わせて改正されており、執筆時点で最近の改正は、2020年（厚生労働省告示第二百十三号）である（以下では単に「基本指針」と呼ぶ）。

　以上のように、障害福祉分野では、理念や方向性に重点をおいた障害者（基本）計画と具体的な諸サービスの整備を進めるための障害福祉計画・障害児福祉計画が策定されている。障害者基本計画と障害福祉計画及び障害児福祉計画は調和のとれたものでなければならない。また障害者福祉計画と障害児福祉計画は一体のものとして策定することができる。

3.　先行研究は何を問題にしているか？

　障害福祉計画に関する先行研究は、これまで何に焦点を当ててきたのか。それを知るための手がかりとして萬代による先行研究レビューがある（萬代2016）、（図表３－３）。本節では、この研究を踏まえ、先行研究の傾向を把握したい。

　萬代の研究は、障害福祉計画だけではなく、障害者計画も対象として含んでいる。萬代の分類による「計画全般に関する研究」の意味するところがやや曖

昧で若干疑問が残るが、計画の評価に特化したものでないことは確かである。[2] 素直に研究結果を読むと 35 本の論文中、評価に焦点を当てたものは 2 本しかない。しかも、いずれも 15 年以上前に発表された。

　その 2 本の論文とは平野・佐藤による研究、増田と末光による研究である。前者は、障害福祉計画の分析や評価にあたって、各福祉サービスの利用率に着目することやいくつかのサービスをパッケージ化して評価することを提言したものである（増田・末光 2006）。たとえば、「ある地域で居宅介護のサービスの利用者がどれくらい増えたか」だけでなく、「居宅介護と生活介護を合わせて使っている人がどれくらいいるのか」といったことに注目し、異なる項目を関連づけて評価しようとしている。数値を点ではなく面的に捉えて、より適切な評価をおこなおうという姿勢がうかがえる。

　後者は高齢者分野の研究を参照にしつつ、独自に作成したアンケートを用いて、市町村の障害者計画を 50 点満点で評価しようと試みている（平野・佐藤 2006）。障害者計画には、障害福祉計画よりも数値化しにくい項目も多いので意欲的な試みといえる。

　本章では、これらの先行研究とは異なった視点に立つ。増田らにせよ平野らにせよ、評価を数値でおこなうことが議論の前提になっている。たしかに、数値で評価することが有意義な場合も多いだろう。しかし、筆者の問題意識は、むしろ逆で、障害福祉計画の成果を数値（のみ）で管理しようとすることによって、様々課題が出ており、そのことが評価に目が向かないことへとつながっている。次節以降では、この点に踏み込んで議論しよう。

図表 3 - 3　萬代による先行研究の分類

	大分類	小分類	本数
1	計画全般に関する研究	①計画の現状・内容に関する研究 ②事例研究	17 本 7 本
2	計画の策定・見直しのプロセスに関する研究	①策定プロセスに着目している研究 ②当事者参加に着目している研究	1 本 3 本
3	計画の分析・評価手法に関する研究		2 本
4	計画に関する調査の分析手法に関する研究		2 本
5	その他		3 本
合計			35 本

出所）萬代（2016）p.44

4. 障害福祉計画の目標値はいかに決められているか？　その問題は何か？

(1) 目標値の特徴と決定プロセス

　まず、障害福祉計画の目標値の一覧を見てみよう。第6期障害福祉計画の目標値は以下の通りである（図表3－4）。

　この段階で確認しておきたいのは、以下の諸点である。第1に、当然のことだが、あらゆる項目に目標値が設定されているわけではない。第2に、目標値

図表3－4　第6期障害者福祉計画の成果目標

1) 福祉施設から地域生活への移行支援	○令和元年度（2019）末の施設入所者数の6%以上を地域生活へ移行 ○施設入所者を令和元年度（2019）末時点の施設入所者数1.6%以上削減
2) 精神障害にも対応した地域包括ケアシステムの構築	○精神障害者の精神病床から退院後一年以内の地域における平均生活日数16日以上（H30年時点の上位10%の都道府県の水準） ○精神病床の1年以上入院患者数：10.6万人～12.3万人に（H30年度の17.2万人と比べて6.6万人～4.9万人減） ○退院率：3カ月後69%、6カ月後86%、1年後92%（H30年時点の上位10%の都道府県の水準）
3) 地域生活支援拠点等が有する機能の充実	○各市町村又は各圏域に少なくとも1つ以上確保しつつ年1回以上運用状況を検証、検討
4) 福祉施設から一般就労への移行	○一般就労への移行者数：令和元年度の1.27倍 　うち移行支援事業：1.30倍、就労A型：1.26倍、就労B型：1.23倍 ○就労定着支援事業利用者：一般就労移行者のうち、7割以上の利用（新） ○就労定着率8割以上の就労定着支援事業所：7割以上（新）
5) 障害児支援の提供体制の整備等	○児童発達支援センターを各市町村に少なくとも1カ所設置 ○難聴児支援のための中核機能を果たす体制の確保 ○保育所等訪問支援を利用できる体制を各市町村で構築 ○主に重症心身障害児を支援する児童発達支援事業所、放課後等デイサービスを各市町村に少なくとも1カ所確保 ○医療的ケア児支援の協議の場（都道府県、圏域、市町村ごと）の設置及び医療的ケア児等に関するコーディネータの配置（一部新）
6) 相談支援体制の充実・強化	○各市町村又は各圏域で、相談支援体制の充実・強化に向けた体制を確保
7) 障害福祉サービス等の質の向上	○各都道府県や各市町村において、サービスの質の向上を図るための体制構築

出所）社会保障審議会障害部会（2020年8月28日資料）

図表３－５　地域移行者数、施設入所者削減割合の基本指針上の目標値

	第1～2期 (2006～11年度)	第3期 (2012～14年度)	第4期 (2015～17年度)	第5期 (2018～20年度)	第6期 (2021～23年度)
地域移行者数	10%	30%	12%	9%	6%
施設入所者削減率	▲7%	▲10%	▲4%	▲2%	▲1.6%

出所）障害保健福祉関係主管課長会議（2020年3月9日）資料【一部抜粋】を参照して筆者作成

が設定されているとしても１カ所や「体制構築」といった曖昧なものもある。明確に数値目標があるのは、1）、2）、4）である。このことから、障害福祉計画は、地域移行や一般就労への強化を進めるために設定されていることがわかる。

　次に考えたいのは、数値目標がどのように決定されるかである。ここでは、特に施設入所者の削減に注目してみよう。結論からいえば、施設入所者の削減の目標値は、計画策定前の直近３年間のデータが参照して決定されている。たとえば、第６期障害福祉計画の計画期間は、2021～2023年度である。この間の入所者削減数について2016年の入所者数を基準としたときの削減割合は2%を下回ると推計された（2020年3月9日障害保健福祉関係主管課長会議資料【一部抜粋】）。以上を踏まえて出てきた数字が1.6%である。

　この決定方法を採用する帰結として、各自治体が順調に目標値をクリアしている場合には、目標値は上がり続ける。逆に、目標値をクリアできない自治体が多ければ、目標値は低下していく。実際、施設入所者削減については、目標値が下がり続けている（図表３－５）。

（2）目標値のあり方から生起する評価に関する諸課題
1）目標値の設定は局所的であること

　目標値が狭い範囲で設定されることは、評価にとってどういう意味をもつだろうか。すぐに思いつくのは、障害者福祉計画の評価がそのまま障害者福祉全体の評価にはならないということだ。そのこと自体は大きな問題ではない。あらゆる評価は限界を伴う。

　しかし、「就労継続支援から一般就労への移行者数」といった数値目標には

いくらか注意が必要である。就労継続支援（特にB型）には、一般就労を目指す人ばかりがいるわけではない。「そのこと自体がおかしいではないか」という意見も聞こえてきそうだが、歴史的な経緯や制度設計上の問題から多様な利用者が存在している[3]。一般就労を目指すことは一般的には望ましいことかもしれないが、それだけを評価してしまうと、利用者の多様性や事業所の努力を見誤ってしまう。このことは、地域移行にもいえるだろう。そもそも地域移行の困難度も人によって大きく違うからだ。したがって、そもそも目標値に関心をもちにくい状況の関係者もいることは、頭に入れておくべきだろう。

2）目標値の調整がもたらすジレンマ

以前の実績の平均値から、新たな実績値を調整するのは当然のことのように思える。確かに無理な数値目標を掲げ続けるのは苦しい。かつて、調整された数値目標もなかなか満たせない地域で計画策定に関わったことがある。委員からは、「この目標値は現実的ではない」という意見が当然ながら出る。しかし、一方で障害福祉計画は基本指針に即して作成するため、目標値を下げるべきではないという意見も出る[4]。前者の意見の持ち主は、「なんでも指針で決まるならば、委員が集まる意味ないじゃないか」といいたくなる。こんなやり取りを経験すると、やはり目標値は無理がないほうがよいと思う。

しかし他方で、ほとんど自動的に達成できる数値ばかりが並んだとしたら、誰もそれを積極的に評価しようとはしないだろう。いわば、目標値が見込み数値になってしまう。筆者はこれこそが、障害福祉計画の評価に目が向いていない大きな理由ではないかと考えている。

さらにいえば、脱施設が障害福祉政策上の大きな目標であったとしても、各自治体が困難にぶつかれば、その状況は新しい障害福祉計画に反映されて、さらに取り組みはしぼんでいく。実際、脱施設化を進めようとしている立場の関係者からは批判的な見解が出されている（鈴木 2020）。

それだけではない。標数値が小さくなった結果、自治体によっては、達成すべき数値自体が小さくなりすぎるという現象が起こる。たとえば、筆者が策定委員として参加したX県Y市では、2019年度末時点の施設入所者は36人であった。この数値を基準とすれば、2023年度末時点までの地域生活移行者は3人、施設入所者の削減は1名が目標値となる。この「3人」や「1人」という

数値がそもそも小さすぎて、計画が達成できたからといって、それがこの地域の社会資源の充実や関係者の努力を示すといえないだろうし、達成できなかったからといって大きな課題を抱えているともいいにくい。

3）数字だけでは情報が少なすぎる

そもそも計画を策定する際に、以前の計画の目標値と実績値を示されただけでどれほどのことがわかるのか。たしかに、福祉サービスの利用者数や利用時間といった指標が単なる結果であるのに対して、本章で話題にしている「地域移行者数」や「一般就労移行率」等はサービス利用による成果を示すもの（アウトカム）として肯定的に評価することもできる。ただし、アウトカムにも様々なレベルが存在することに注意が必要である。たとえば、一般就労もアウトカム指標ではあるが、就労によってどう生活が変化したのかはわからない。同じように、施設入所者が削減されたとしても、その人たちがどういう状況で過ごしているかはわからない。

こうした限界は、数値だけで評価しようとする限り避けられないものである。結局、こうした数字を眺めても、外形的に計画が目標値を満たしたかどうかはわかっても、それがどのような意味をもつのかわかりにくい。計画策定に参加した委員でさえそうなのだとしたら、策定に関わっていない市民に理解しろという方が無理である。

5. これから深めていくべきテーマ／量以外の評価は、いかにして可能か？

これまで述べてきた障害福祉計画の課題を打開するにはいかなる方策があるのか。参考になるのは、参加型評価の考え方である。源によれば、「評価の主体として、評価の知識・技術をもつ専門家集団のみならず、評価対象のプログラムに関わりのある人々を巻き込み、ともに評価をおこなう形を『参加型評価』と定義することができる」（源 2016、p.22）。参加型評価と一口にいっても、そのアプローチは様々であり、関係者の関与の度合いや専門家の役割も異なるが、筆者がもっとも参考になると考えるのが、MSCである。これは、プログラムに参加した人に「もっとも有意義だと感じた変化」について語ってもらう

ものである。

　もっとも素早く、効果的に障害福祉計画の評価を改善するには、たとえば、地域移行ならばそれを経験した当事者、一般就労への移行ならば、実際に移行した当事者を評価の場に招き、自分にとって、どんな変化が起こったのかを語ってもらうことではないだろうか。こうすることで、地域移行、施設入所者削減、一般就労への移行は単なる数値ではなくなる。

　もちろん、もしこうした取り組みを実施したとして、次の課題もでてくるだろう。たとえば、地域移行経験者や一般就労移行経験者に会議への参加を呼びかけたとしても、否定的な経験をした人は、なかなか集まらないかもしれない。仮に集まったとしても、「入所施設からグループホームに移ったものの、思ったより自由がなくてがっかりしている」といった発言をするには勇気が必要だ。また、障害によって、複雑な経験や気持ちを語ること困難な人もいる。それゆえ、質問の方法、支援者の同席、会議の雰囲気など工夫が必要な場合もある。

　以上の課題にもかかわらず、一歩を踏み出すべきではないだろうか。出てきた課題はそのまま研究課題となる。手がかりが全くないわけではない。たとえば、2009年に内閣府に設置された障がい者制度改革推進会議では、相手の発言内容を理解しづらい時にはカードを利用して再説明を求めることができるようにしていた。単に障害者が計画の策定に参加しているという状態に満足せずに、政策の影響で変化を経験した当事者に評価してもらうための方法を検討すること、これが今後深めていくべきテーマである。

手にとって読んでほしい5冊の本

1. 北川雄也（2018）『障害者福祉の政策学―評価とマネジメント』晃洋書房
　　障害者福祉の評価に先駆的に切り込んだ文献。負のアウトカムという概念を提起している。本章と関連させながら読んで欲しい。

2. 佐藤久夫・小澤温（2016）『障害者福祉の世界 第5版』有斐閣
　　障害者福祉の入門書は数多いが、執筆者が2人でもっともよくまとまっている。

3. 畑本裕介（2021）『新版　社会福祉行財政―福祉事務所論から新たな行政機構論へ』法律文化社

社会福祉行財政のテキストだが、福祉計画への言及もある。筆者の意見が随所にちりばめられているのが推薦の理由である。

4. 源由理子編著（2016）『参加型評価』晃洋書房

　参加型評価の基礎理論と多様な事例を学ぶことができる。最初の一冊としておすすめ。

5. 安田節之（2011）『プログラム評価―対人・コミュニティ援助の質を高めるために』新曜社

　プログラム評価について平易になおかつポイントを外さずに解説している。

注

(1) 畑本によれば、「近年、行政という言葉を使うときには、『公務員はいらない仕事ばかりするから仕事が滞る』だとか『役人のやることだから効率が悪い』などといった非難の意味合いとともに用いられることも多い」という（畑本 2021、p.13）。民主的なプロセスで選ばれたリーダーが方向性を示し、それを効率的に実現するのが行政の本来の意味だろう。かかる現状は極めて皮肉である。

(2) 「計画全般に関する研究」に含まれている研究を瞥見すれば、たとえば、計画が目標に掲げている脱施設が予定通り進んでいないといった問題点の指摘や計画に定めるべきとされている項目の紹介がある。また事例研究も多く、研究者が関わった地域の障害福祉計画の実情を記述したものがほとんどである。いずれにせよ、分析的というよりは記述的な研究が多い。

(3) 障害者自立支援法に移行する際に、経営上の安定性の理由から．地域活動支援センターではなく、就労継続支援事業（B型）に移行した例も多い。就労継続支援を掲げながらB型が多様な利用者を受け入れている役割は大きいものがある。たとえば、生活介護は、支援区分3以上でしか利用できないが、支援区分は2だが、すぐに一般就労につくことは困難な人もいる。特に精神障害をもつ人にとって切実な課題になっている。

(4) これは筆者の経験した事例だが、自治体の事情を勘案して、実際に基本指針より低い目標値を採用する場合もある。

第4章

生活困窮者就労支援の成果指標をめぐって

五石敬路

グラフィック・イントロダクション

図表4-1　就労支援とはなにか？

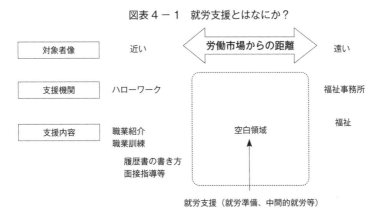

出所）筆者作成

　1990年代まで、労働行政と福祉行政の役割は明確に区分され、前者はすぐに働ける人を対象にハローワークが、後者は働けない人を対象に福祉事務所が担当した。ところが、近年、その間にある人への対応が課題となっている。つまり、働きたいが、すぐに働くことが難しい人々である。その理由は、病気、障害、メンタル、体力、あるいはそもそも働いたことがない等、人によって異なり、また複数の課題を抱えている場合も多い。そこでよくある支援は面接の練習、履歴書の書き方の指導等だが、これはすぐに働くことができる人への支援といえる。では何をすれば良いのか。自治体の担当者の多くは、そもそもそこからから悩んでいる。その典型的な例が生活困窮者自立支援制度における就労準備支援事業や就労訓練事業（中間的就労）である。

1．何が問題か／そもそも就労支援とは何かを考える

2015年4月、生活困窮者自立支援法が施行された。この法律の目的については、2つの見方がある。一つは、生活保護の水際防止としての制度だという見方である。つまり、最低限度の生活を維持することができなくなる、あるいは生活保護に陥る恐れのある人に対し、経済的な自立を促すことが目的だというのである。もう一つは、制度の狭間にある人へ伴走型の支援を包括的・個別的・継続的・早期に提供する制度だという見方である。法の目的には、経済的な自立だけでなく、社会的孤立からの回復も含まれている。現実はこの両者が混在しているといった方が正確だろう。実際、法令や厚労省の説明資料には、この両方が書きこまれている。

就労準備支援事業、就労訓練事業は、生活困窮者自立支援制度における事業として位置づけられている。本章では、このうち就労準備支援事業を主にとりあげたい。法律で定義された就労準備支援とは、雇用による就業が著しく困難な生活困窮者に対し、原則として一年を超えない期間、就労に必要な知識および能力の向上のために必要な訓練をおこなう事業（第3条第4項、施行規則第5条）をいう。この法律上の条文だけを読むと従来の公共職業能力開発とあまり違いがないように思われる。図表4－1でいえば、左側にあるハローワークの業務領域である。

しかし、厚労省が法令とは別に提供している「就労準備支援事業の手引き（以下、手引きと略す）」では、やや異なったニュアンスのことが書かれている。つまり、この事業は、単に就労に必要な実践的な知識・技能等が欠けているだけではなく、複合的な課題があり、生活リズムが崩れている、社会との関わりに不安を抱えている、就労意欲が低下しているなどの理由により直ちに就労することが困難な者を対象としているというのである（手引き、p.6）。手引きの説明は、図表4－1における「空白領域」によく合致しているといえるだろう。実際、手引きには、この事業の内容は既存の雇用施策の枠組みでの支援にはなじまないとも書かれている（手引き、p.6）。

以上のように、就労準備支援事業は、支援の対象者像、支援内容、支援目標等が実はあまり明確でないという特徴がある。したがって、その成果指標の作

成は容易ではない。

　たとえば、ハローワークの職業紹介のように、求職者と求人者のマッチングが業務内容であれば、マッチングの達成率が主な成果指標となることは容易に考えられよう。同様に、生活困窮者自立支援の目的が生活保護に陥る恐れのある人の経済的自立を促すことだけが目標であれば、就職率を主な成果指標とすれば良い。実際、後述するように、厚労省が毎年公表している KPI（Key Performance Indicator）は就職率や増収率を指標としている。

　しかし、先に述べたように生活困窮者自立支援制度、就労準備支援事業の趣旨は、それほど単純ではない。社会的孤立からの回復、社会との関わりにおける不安の軽減等、就職率や増収率だけでは表せない課題や困難への支援についても、その成果指標を考えるべきだろう。一方、現場の支援員からも、就職までは遠いものの、笑顔がみられるようになった、初めての人とも話せるようになった等の小さな変化が確実にあり、それを指標等で外部の人に客観的に伝えることができないという悩みの声は多い。

２．自治体行政における評価

　自治体が所管する政策、施策、事務事業に対する基本的な評価は、法令上の規定に沿って実施される。その名称は、法令、制度上の用語によって様々であるが（監査、検査等）、ここでは就労準備支援もしくは関連事業の実績を指標によって評価するものをとりあげる。

　なお評価指標については、法令上、経済性（economy）、効率性（efficiency）、有効性（effectiveness）等の用語が使われている。これらは、英語の頭文字をとって３Ｅと呼ばれる。その定義は、下の数式から説明可能である（真渕 2009、p.251）。

$$\frac{アウトカム}{インプット}$$

　経済性は分母のインプットを最小化すること、効率性はこの分数の値を最大化すること、そして有効性とはアウトカムを最大化することである。これらのうちどれを使うか、あるいは重視するかは政策の優先順位や価値観に依存する

場合もあるだろうし、また、時代によって変遷する場合もある。たとえば、予算削減を優先するのであれば経済性や効率性を重視し、政策の趣旨を最大限に実現することを優先するのであれば有効性を重視するだろう。以下では、法令上に規定された評価の主なものを見てみる。

　まず、総務省行政評価局が実施する「政策評価」と「行政評価・監視」である。このうち、「政策評価」は複数府省にまたがる政策を対象としており、その評価方法として、「行政機関がおこなう政策の評価に関する法律（政策評価法）」において、必要性、効率性、または有効性の観点等からおこなうこととされている（第12条第3項）。

　もう一つの「行政評価・監視」は、各府省の業務の現場における実施状況を対象とするものである。2014年度には「生活保護に関する実態調査」の結果に基づく勧告が公表され、そのうち生活保護の就労支援事業に対する評価も実施された。勧告内容としては、重要となる指標に関する把握（就労可能な被保護者の把握、参加者の選定、主要就労支援事業への参加者の規模、達成者の内容）や設定の水準が福祉事務所によって区々であったため、国、各福祉事務所等における適切な効果の検証および的確な見直しが求められた。事業の成果を評価したというよりも、そもそも評価をするための指標が整備されていないという前段階的な状況であったということだろう。

　次に、会計検査院による会計検査である。会計検査院は、国会および裁判所に属さず、内閣からも独立した憲法上の機関（第90条）として、国や法律で定められた機関の会計を検査する。検査の基準としては、会計検査院法によれば、正確性、合規性、経済性、効率性および有効性の観点等から会計検査をおこなうこととされている（第20条第3項）。

　会計検査院は、2013年度に「生活保護の実施状況について」と題した検査結果を公表している。その検査結果をみると、就労支援により就労した被保護者の就労後の状況として、一旦は就労したもののその後離職していたり、保護が再開されていたりしている者が一部見受けられたこと、そして、被保護者については、非正規就業者全般よりも短期間で離職に至ったり、傷病による離職の割合が高くなっていたりする状況が見受けられたこと等が指摘されている。そこで、就労後の職場への定着支援等のフォローアップについて方策を検討す

ることが求められた。

就労支援によって就労したものの短期間で離職したケースは、生活保護の就労支援に限らず、しばしば報告されている。その理由は就職先がそもそも日雇いやバイト等で長期の雇用を予定したものではなかったこと、支援側としても就職率が目標として設定されているので数字を稼ぐことに主眼をおいたこと（クリームスキミング）等、様々な理由が考えられる。就労支援の成果指標においては、この問題を視野に入れた設計が必要だろう。

以上は政府による自治体の評価だが、3番目は自治体自身による評価として監査が挙げられる。監査は2種類あり、一つは監査委員会による監査であり（財務監査、行政監査）（第199条第1項、第2項）、もう一つは外部監査（包括外部監査と個別外部監査）である（第252条の27）。

また、生活保護の場合は特殊で、これ以外に、生活保護法に定められた厚生労働省、都道府県、指定都市がおこなう事務監査がある（生活保護法第23条）。その内容は、事務の執行または会計処理の適否だけでなく、生活保護法施行事務がより適正かつ効率的に運営されるよう積極的に援助・指導することとされている（保護課自立推進・指導監査室「社会・援護局関係主管課長会議資料」2021年3月）。

法律の条文からは、監査は全体的に経済性、効率性に重点が置かれていることが読み取れる。生活保護の事務監査の場合は特にそれが指摘されており、戦後における生活保護の歴史のなかでは、この監査制度は生活保護費を削減するという大きな目標を実現する手段として使われてきたという批判が多い（大友2002）。

四番目は、自治体から事務事業を委託する民間事業者を選定する際の評価が挙げられる。それは、実施後の成果に対する評価ではなく、実施前の評価だといえる。自治体が民間事業者に委託する場合、事業者の選定方法は地方自治法により一般競争入札、指名競争入札、随意契約等と定められ（第234条）、このうち原則は競争性、透明性、効率性等の観点から一般競争入札とされている。一般競争入札では価格が評価指標となるが、一般競争入札のなかでも総合評価方式の場合、価格以外に技術の優位性や環境・男女共同参画への配慮等の面から総合的に評価される。また、随意契約のうち、企画プロポーザル方式として、

価格ではなく、実施体制、制度の理解度等の観点からコンペをおこなう方法もある。

　一般社団法人北海道総合研究調査会（2021）によれば、就労準備支援事業における委託先の選定方法は、調査対象の279基礎自治体のうち、もっとも多かったのが随意契約（企画プロポーザルなし）の148自治体（53.0％）、次いで随意契約（企画プロポーザルあり）の82自治体（29.4％）、そして一般競争入札（総合評価）の30自治体（10.8％）という順であった（一般社団法人北海道総合研究調査会 2021、p.18）。この結果からは、各自治体は就労準備支援事業を価格のみから評価できないと判断しているものと考えられる。

　この他、法定ではないものの、自治体の担当者の立場からは、庁内での予算査定や議会説明の際に事業の実績や期待される効果を指標もしくはエビデンスとして示すことが求められよう。生活困窮者自立支援事業の場合、特に就労準備支援事業は任意であり、自治体にも補助金の支出が求められるので、なぜ自治体が義務ではないのに予算をわざわざ支出する必要があるのか、その根拠を提示することが必要である。

3．厚労省による評価

（1）目安値、KPI、新たな評価指標

　生活困窮者自立支援制度を所管する厚労省は、施行当初、目安値という名称で成果指標を設け、各自治体の成果を公表してきた。近年はKPIという言葉を使うことが多い。図表4－2は2019年度における成果を示したものである。指標の内容としては、就労支援対象者数、就労・増収者率があることから、経済的自立に力点が置かれているといえる。図表は、厚労省が提示した数値を達成した自治体の数とその割合を示しているが、その成績は概して芳しくない。

　厚労省はKPIとは別に、2016年より「新たな評価指標」の記録を求めている。その内容は図表4－3に示した。指標の内容をみると、経済的自立を重視したKPIとは異なり、事業の対象者は労働市場からは遠く、すぐには就労による自立が困難であることを踏まえた内容になっている。また、KPIのように年1回ではなく、支援の経過に沿って記録をつけることによって利用者の小さ

図表4－2　厚労省によるKPIの達成自治体数と達成割合（2019年度）

	新規相談件数	プラン作成件数	就労支援対象者数	就労・増収者率
都道府県（47）	16（34.0%）	3（6.4%）	5（10.6%）	9（19.1%）
指定都市（20）	9（45.0%）	4（20.0%）	5（25.0%）	3（15.0%）
中核市（58）	23（39.7%）	4（6.9%）	22（37.9%）	13（22.4%）

注）2019～2022年度におけるKPIは以下のとおり。①新規相談件数：対象地区人口10万人あたり16件／月、②プラン作成件数：新規相談件数の50%、③就労支援対象者数：プラン作成件数の60%、④就労・増収者率（就労・増収者／就労支援対象者）：75%。
出所）厚生労働省「令和元年度　生活困窮者自立支援制度における支援状況　集計表（4月～3月累計）」をもとに筆者作成

図表4－3　厚労省による「新たな評価指標」

	第1回	第2回	第3回	第4回
①意欲・関係性・参加に関する状況				
自立意欲（選択肢4つ）				
自己肯定感（選択肢4つ）				
対人関係（選択肢4つ）				
社会参加（選択肢4つ）				
合計				
②経済的困窮の改善に関する状況（選択肢4つ）				
③就労に関する状況 1. 就労のために本人、周囲、環境の準備が必要である 2. 1の準備は概ね整っているが、支援付の柔軟な働き方が必要である 3. 1の準備が概ね整い、一般就労に向けて活動中 4. 一般就労した・している（定着期間中・増収に向けて活動中） 5. 定着・増収を実現し、就労自立した				

な変化を捉えることができるよう設計されていることがわかる。

　しかし、成果指標としては疑問もある。まず、支援員によって結果が異なるのではないかという疑問である。たとえば、「③就労に関する状況」では4つの選択肢が用意されているが、選択の1と2の判断は人によって異なってくるものと考えられ、労働市場から遠い状況における小さな変化を捉えるという肝心な情報を得ることが難しいのではないかと思われる。また、各選択肢に点数がつけられるようになっているが、その点数の高低が利用者の真の状況を表すと考えて良い根拠があるのかどうかも疑問である。

たとえば、近年、他の先進諸国の公共職業安定所（日本でいうハローワーク）で普及してきているプロファイリング・ツールは失業が長期化する可能性を統計分析により割り出し、離職者のニーズに沿った支援方針、支援内容を判断するための基礎情報として活用されている。この統計分析の手法としてはロジスティック回帰分析、ランダムフォレスト等が使われており、単に点数の高低をみるだけでなく、その数字がどの程度真の状態を表しているか、その正確性、信頼性をはじき出すという統計学的な根拠に基づいた手順がふまれる。具体的には、行政がもつデータや本人との面接で得られた情報に基づき、職歴や技能等の就職可能性がどの程度か、本人のモチベーションがどの程度か、また、本人が居住する地域労働市場の状況等を変数としてコンピュータにインプットし、その人の失業が長期化するかどうか、あるいはその確率がどの程度かが算出される（Desiere et al. 2019）。

　このように、海外におけるプロファイリング・ツールは、変数をインプットして得られる確率の大小について、ロジスティック回帰分析等という手順を踏むことよって、その数字が利用者の真の状況を表すと考えて良い根拠を得ようとしている（もっとも、その根拠が正しいかどうか学術的な検証が必要であることに変わりはない）。

（2）地方自治法・地方分権から見た KPI の問題

　生活困窮者自立支援において、自治体による支援結果を厚労省が KPI 等の指標により評価をしていることは、地方自治の観点からやや疑問がある点について付言しておきたい。

　2000 年における地方分権一括法の施行により、政府は、自治体による事務の処理に対し法令によらなければ関与しないことが明記された（第 245 条の2）。自治体の事務は法定受託事務と自治事務に分かれるが、特に自治事務の場合、政府による法令以外の通知等はすべて技術的助言であり法的拘束力をもたず、政府は自治体が地域の特性に応じて当該事務を処理することができるよう特に配慮しなければならない（第 2 条第 13 項）。ただし、法定受託事務の場合は「処理基準」（第 245 条の 9）として通知等を発することができ（松本 2018、p.677）、生活保護における「保護の実施要領」等がこれに該当する。

政府は、法的には技術的助言であるにもかかわらず、さも法的拘束力がある
かのように自治体に関与することは認められていない。生活困窮者自立支援は
自治事務であるので、KPIだけでなく、「自立相談支援事業の手引き」「就労
準備支援事業の手引き」「新たな生活困窮者自立支援制度に関する質疑応答集」
等はすべて技術的助言である。

4．KPSビジュアライズツールの開発

以上述べてきたような就労準備支援事業に適した評価指標がないというので
はないかという問題意識から、一般社団法人京都自立就労サポートセンターで
新たな評価指標を開発し、筆者もこれに協力した。ここでは、その概要を紹介
するが、詳細は京都自立就労サポートセンター（2020、2021）を参照いただき
たい。

評価指標は、利用者本人がチェックするTS-59セルフチェックシート、利
用者本人と支援者がチェックするGN-25評価シートの2種類がある。TS-59セ
ルフチェックシートは全59項目、GN-25評価シートは全25項目から構成され
る。

また、従来の評価指標は、支援員は日常の業務に多忙であり、データが得ら
れたとしても、それを分析する余裕がなかった。そこで、データを自動的にビ
ジュアル化し、簡単な分析結果をコメントとして表示できるツールも合わせて
開発した。これを総称してKPSビジュアライズツールと名づけた。以下では、
KPSビジュアライズツールで得られた結果から就職可能性を正しく予測でき
るかどうかを検証した統計分析の結果と、KPSビジュアライズツールを利用
することによって何がわかるかを説明する。

（1）AI（機械学習）による就職可能性の予測

TS-59セルフチェックシートの結果から就職可能性の予測ができるかどうか
を検証するため、その検証方法として、近年、AI（機械学習）の分類の精確
性を競うkaggle等のコンペティションでよく使われているXGBoostと呼ばれ
るアルゴリズムを採用した。機械学習が従来の回帰分析等に代表される頻度主

義の統計分析と異なるのは、サンプルを訓練用とテスト用に分け、訓練用の
データによって得られたモデルをもとにテスト用のデータで予測を行い、その
精確性を検証する点にある。

　分析結果によれば、実際に就職した6人のうち、XGBoostによって就職し
たと判断されたのは5人、就職していないと誤って判断されたのは1人であっ
た。また、実際には就職していない29人のうち、XGBoostによって就職し
ていないと判断されたのは27人、就職したと誤って判断されたのは2人で
あった。全ケースのうち正しく判断された割合、正答率（accuracy rate）は
91.43％である。まずまずの結果といえるが、サンプル数が少ないため、さら
なる検証が必要である。

(2) KPSビジュアライズツールから何がわかるか

　KPSビジュアライズツールから得られる利用者の情報について、ここでは、
主なものを2つ紹介したい。一つは、利用者の自己認識に課題がある場合であ
り、もう一つは早期離職に至る可能性が高い場合である。

1) 利用者の自己認識に課題がある場合

　そもそも、TS-59セルフチェックシートは利用者本人がチェックするので、
その結果は主観に過ぎず、またGN-25評価シートも支援員だけでなく利用者
自身がチェックすることとしていることから、これらの結果に客観性があるの
かどうかの検証が求められよう。また、GN-25評価シートは支援員がつけるこ
とになっているが、支援員によって評価が異なるのではないかという不安が生
じるかもしれない。

　そこで、これらの指標が実際の状況を適切に表現できているかどうか、指
標が信頼できるかどうかを検証した。分析の結果、GN-25評価シートについて、
支援者と利用者の評価の差をみることによって、利用者が実際の状況を適切に
表現できていない場合、あるいは、利用者の自己認識に課題がある場合を把握
できることがわかった。

　図表4－4は、2つのレーダーチャートとも、支援員と利用者がつけた
GN-25評価シートの結果を比較したもので、上側の（1）は支援員と利用者の
点数にそれほど大きな差がなく、下側の（2）は大きな差がある。また下側の

図表 4 − 4　支援員と利用者がつけた GN-25 評価シートの結果

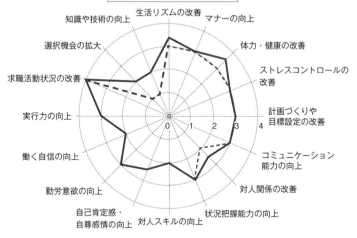

利用者と支援員の評価の差（1）

- - - - 本人　　──── 支援員

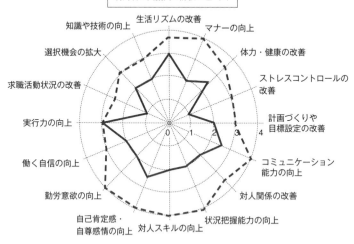

利用者と支援員の評価の差（2）

- - - - 本人　　──── 支援員

出所）京都自立就労サポートセンター（2021）

利用者のレーダーチャートは大きく円を描いており、これはほぼ満点に近く、自分に大きな自信をもっている様子を表している。この両極端のケースについて、就職の可能性を統計的に検証すると、（2）の就職の可能性は統計的に有意に低い。つまり、このレーダーチャートで、支援員と利用者の差があまりに大きい場合、利用者の自己認識に課題がある可能性が高いといえる。

2）早期離職に至る可能性が高い場合

図表4－5は、TS-59セルフチェックシートの合計点について、チェック回ごとの時系列データを棒グラフで表している。そのほか、生活自立、社会自立、就労自立の点数の推移についても折れ線グラフで表示されている。ここで特に注目したいのは、棒グラフの動きである。

就職可能性が高い場合、棒グラフは初回の支援から順調に大きくなる。この図の場合も、TS-59セルフチェックシートの合計点が順調に伸び、就職に至ったものの、就職をした直後の支援の際には合計点が急に低下していることがわかる。こうしたケースの記録を詳しく調べたところ、就職したものの何らかの悩み、課題を抱えている状況にあることがわかった。その要因は、体力、人間関係、仕事内容等、様々である。もし、この状態が続けば遅かれ早かれ離職に至る可能性が高い。これは若者が就職したものの、以前思っていた仕事と違う現実に直面し（リアリティショック）、早期離職してしまうことと似ている。

図表4－5　支援員と利用者がつけたGN-25評価シートの結果

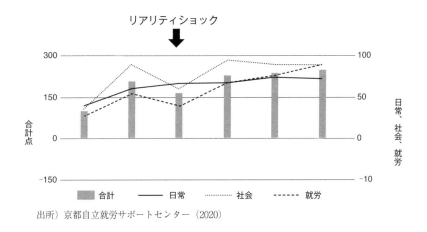

出所）京都自立就労サポートセンター（2020）

KPS ビジュアライズツールを使うことによって、支援員は利用者がリアリティショックの状態にないかどうか確認することができる。リアリティショックは就職に限らず、職場体験や合宿等、人と関わって作業する多くの場面で生じる可能性があるので、この情報が適切な支援をおこなうための貴重なヒントとなることが期待される。

5．これから深めていくべきテーマ／誰のための評価か

　KPS ビジュアライズツールは、分析のためのサンプルがまだ十分に集められておらず、今後はさらなる分析の精緻化による検証が必要である。それを前提とした上で、最後に、就労支援の成果指標に関する今後の課題を2点挙げたい。

　まず、それが誰のための指標か、あるいは、誰のための指標が必要か、ということを議論する必要がある。西尾（2001）は、「有効性・能率性の評価をめぐる真の問題は、それが完全か不完全か、正しいか正しくないかではない。この種の評価をめぐる真の問題は、評価の結果を誰がどのように活用すべきか」であり、政策決定者や行政官だけでなく、国民もまた政策分析の情報を必要としているので、それに合った行政診断手法を開発すべきだと述べている（西尾2001、p.358）。本章の主題である就労支援の観点からは、厚労省や自治体だけでなく、支援員もまた必要としているし、何より利用者本人に還元できるような指標の開発が求められよう。

　その場合、指標の内容も自ずと異なってくるはずである。支援員は日々の支援に役立つような情報が欲しいだろう。指標をより精緻化できれば、利用者のどのような状態の時にどのような支援プログラムが有効なのか、その情報を支援員に提供することができる。利用者には支援に参加する励みになるような情報を提供したい。また、評価の結果を示す際に単に数字を羅列するのではなく、ビジュアル化されわかりやすく、また扱いやすいツールの開発が望ましい。

　次に、研究上においても、行政実務上においても、非常に大きな課題となっているのは個人情報保護の問題である。KPS ビジュアライズツールの開発においては、インターネットにつながなくても利用ができるようにすることを基

本的な方針として置いていた。その理由は個人情報保護の問題があったからである。もし、この問題がクリアできればツールをインターネットやクラウド等につなぐことによって操作が格段にスムーズになり、利便性が飛躍的に増すだろう。しかし、現在の行政実務においては、個人情報保護という要請のもとで、インターネットやクラウドだけでなく、パソコンの利用すら非常に不便になっている。これからビッグデータ、AIがますます普及していくなかで、行政における個人情報保護の問題を整理し、国民からの信頼を得ることは至急の課題である（水町 2019）。

手にとって読んでほしい5冊の本

1. 石井光太（2021）『格差と分断の社会地図―歳からの〈日本のリアル〉』日本実業出版社
  石井氏が書いたルポを読み筆者は何度涙を流したか知らない。日本の貧困や排除のリアルを知るには本書が一番。

2. 中室牧子・津川友介（2017）『「原因と結果」の経済学―データから真実を見抜く思考法』ダイヤモンド社
  海外の政策評価では相関関係ではなく因果関係を明らかにする統計分析が一般的。具体例をまじえわかりやすい。

3. 西尾勝（2007）『地方分権改革』東京大学出版会
  西尾氏は第一次地方分権改革を主導した行政学の第一人者。冷静で正確な文章のなかに情熱がほとばしる。

4. 松尾豊・NHK「人間ってナンだ？超AI入門」制作班（2019）『超AI入門―ディープラーニングはどこまで進化するのか』NHK出版
  松尾氏は日本におけるAI研究の第一人者。ネット上に資料も多いので要検索。今後AIの導入は福祉でも不可避。

5. 山崎史郎（2017）『人口減少と社会保障―孤立と縮小を乗り越える』中公新書
  介護保険制度、生活困窮者自立支援制度をつくったバイタリティ溢れる元厚労官僚が描く日本の現況と課題の核心。

第5章

支援の「はざま」をめぐる政策目的と評価
障害者と生活困窮者に焦点をあてて

佐藤愛佳

グラフィック・イントロダクション

図表5-1 「はざま」のイメージ

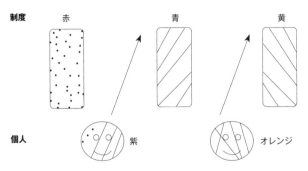

出所）筆者作成

　「はざま」におかれる人々は、既存の社会福祉制度にうまく当てはまらず、また、抱える生活問題も多様で複雑であるが故に、支援の行き届かない状況に陥っている。これまで想定されてきたライフコースでは捉えきれない個々の人生と、用意された政策体系の整合性に無理が生じている。

　図表5-1は、制度や個人を色彩でたとえたものである。こうしてみると、「はざま」に陥る人々はカラフルな存在であるといえる。政策はその対象者を選定するが、それは同時に単色で一律な性質を有するものである。そのため、用意された色彩に完璧に合致することができず、何種類もの色味を合わせもち、同じ色だとしても微妙に違いがある「はざま」におかれる人々は、支援につながりにくい。

　本章では、社会福祉の重要課題であり続けている支援の「はざま」に焦点をあて、支援の「はざま」解消に向けた政策評価（政策目的と帰結）について考察していく。なお、本章は、既存の制度や政策、計画の評価を試みるというものではなく、「は

ざま」問題そのものについての分析が主題となっている。というのも、支援の「はざま」の全貌はいまだ明確になっておらず、「はざま」に対する政策（取り組み）は走り出したばかりであるからだ。今後の政策形成と評価を見据え、「はざま」支援のゴールとは何か、その目的を検討していきたい。

1. 何が問題か／支援の「はざま」の空白地帯

（1）政策を評価するには

　政策評価とは、あるプログラムの現状と目標値との距離を、指標を用いて測定することである。ここでのプログラムとは、政策（policy）や施策（program）、事業（project）といった、ある社会的な問題を解決するという目的を達成するための介入を意味する。プログラムは、ロジックモデルと呼ばれる「もし〜したら、〜の効果があるだろう（if〜，then〜）」という理論をもとに組み立てられる。このロジックモデルは、問題解決に向けた、評価対象となるプログラムの原因と結果の因果関係の仮説を整理したものである。

　そのため、福祉支援の「はざま」を解消するためのプログラムを評価しようとすると、「はざま」とはどういった状態なのか、「はざま」におかれる者はどのような課題を抱えているのか、「はざま」問題そのものについて知る必要がある。

　それでは、これまで「はざま」は、どのように捉えられてきたのだろうか。「はざま」をとり巻く政策動向と先行研究を振り返り、考察していきたい。

（2）「はざま」をめぐる空白地帯
1）「はざま」をめぐる動向

　「はざま」が問題であることは、福祉実践においても研究においても自明の事実であろう。では、「はざま」は日本の福祉政策のなかで、どのように対処されてきたのだろうか。

　政策動向のなかで、「はざま」が問題視されるようになったのは、必ずしも2000年以降に限ったものではないが、2000年12月の「社会的な援護を要する人々に対する社会福祉のあり方に関する検討会」報告書で示された問題意識は、その後の生活困窮者支援に引き継がれるものとなった。この検討会は、2000

年の社会福祉基礎構造改革の直後に設けられ、社会福祉の対象は貧困だけでなく、既存の社会福祉制度の枠に収まらない人々も支援対象であるとして位置づけ、社会的排除や孤立の強い者ほど制度から漏れやすいと指摘している（「社会的な援護を要する人々に対する社会福祉のあり方に関する検討会　報告書」2000）。

　近年、「はざま」に関する取り組みとして注目を集めたのは、2015 年に施行された生活困窮者自立支援法である。この法律に基づく生活困窮者自立支援制度は、生活保護に至る前段階で支援を施し、自立を促そうという解釈ができる一方で、これまで就労と生活保護の間におかれざるをえなかった人々に対して、支援の手が差し伸べられるようになったと捉えることもでき、まさに、「はざま」のためにつくられた制度といっても過言ではない。

　また、2018 年には日本学術会議社会学委員会社会福祉学分科会にて、ニーズの多様化、深刻化、複合化による支援の困難さが「制度の狭間」に陥り支援困難な状態になるとされ、包括的な相談支援体制の構築やニーズベースの社会福祉体系への転換が指摘されている。直近の動向としては、2020 年 6 月に改正された社会福祉法で、2017 年の改正時に法制化された包括的な支援体制の構築が、重層的支援体制整備事業として具体化された。

　では、学術研究ではどうなのだろうか。CiNii による文献検索で「はざま」[(2)]に関する文献の年代は、2000 年代以降に集中しており、特に 2010 年以降、急速に増加傾向にある。これは、後ほど触れる新聞記事の推移と同様であり、新聞記事のなかで、1990 年代後半から、「はざま」が取りあげられるようになった時期とほぼ一致すると考えて問題ないだろう。次に、文献の年代が 2015 年以降に集中している点について考察するならば、これは、2015 年に鉄道弘済会が発行する『社会福祉研究』という雑誌で、「はざま」について特集が組まれ、これまで「はざま」を明確に定義した論者は見受けられなかったが、平野（2015）や猪飼（2015）による見解が発表されたことにより、その後の「はざま」研究の礎のようなものが萌芽したからだと思われる。

　この傾向は、新聞記事をみても明らかである。新聞記事データベースを用いて「狭間」や「谷間」をキーワード検索すると、朝日新聞、毎日新聞、日本経済新聞のいずれも、2000 年以降の記事がほとんどであり、これらを踏まえる

と、「はざま」が学術研究のみならず社会一般においても問題だと認識されてきたと推測できる。

　このように、支援の「はざま」に対する政策的な取り組みや学術研究は、2000年代以降、本格的に展開されてきたとみることができ、スタートラインに立って間もない状況にあるといえる。以上より、「はざま」に対する政策や研究は発展途上で、支援の「はざま」対策は「はざま」を埋めるという方向性にあると考えられる。そのなかで残された疑問としては、そもそも「はざま」とはどういった問題なのか、といった根本的な問いについては未解決なままである。「はざま」対策は、試行錯誤の段階にあるといえる。

2）「はざま」をめぐる先行研究

　支援の「はざま」、制度の狭間、谷間、空白と呼ばれる事象は、これまで幾度となく問題だと指摘されてきたが、意外にもその問題それ自体、つまり「はざま」という問題そのものについての分析は、ほとんど見受けられない。数少ない研究のなかで、存在している先行研究を挙げるとすると、それは平塚ほか（2005）による「はざま」の生成要因に着目した類型化と、それに基づいて事例研究を行った久保（2017）、難病者に焦点をあてた大瀧・白井（2014）の研究にとどまっている。

　これらの研究が、「はざま」という現象に迫り、その内実を明らかにしようとした点は示唆に富む。しかしながら、いずれの研究も保健・医療・福祉領域の「はざま」に限定され、その他の「はざま」については未検討である。

　このように「はざま」の構造に迫った研究は乏しい一方で、他方では、「はざま」に対する対応策として連携や協働を中心に、包括的な支援体制の構築、ニーズ基底型の政策の重要性を指摘する研究は盛んである（史2021、永田2021、日本学術会議社会学委員会社会福祉学分科会2018など）。その背景には、社会福祉学が問題そのものについての研究に重きをおくというよりは、むしろ、その問題の解決策の検討を重視するという学問的な性質も関係していると考えられる。

　もちろん、これまで議論されてきた協働や連携といった支援の「はざま」に対する解決策が、「はざま」に陥る人々の援助手段として重要であることはいうまでもない。加えて、川島（2015）が指摘するように、多様な機関や専門職

が参画しているという事実だけでは、必ずしも連携がなされているとはいきれない現状を考慮すると、連携が保たれる条件や協働が機能するプロセスを具体的に明らかにする実証研究は、ますます重要性を帯び、各事例で分析された知見を統合化していく作業が必要になるだろう。しかしながら、すべての「はざま」に、これらの解決策が有効なのかという疑問が残ることも確かである。

　また、「はざま」研究の動向を振り返ると、対象者別に知見の蓄積がなされている傾向が窺える。これは、「狭間」の問題が、「狭間」というカテゴリーで研究がなされてきたというよりも、「ひきこもり」の問題や「生活困窮者」の問題、「難病者」の問題、「複合的な問題を抱える者」の問題といったように、具体的な対象や領域ごとに、個別に研究が展開されてきたからだと考えられる。

　こうした傾向は、各対象に対する専門的な知見の蓄積を期待できるが、同時に、タコツボ化を助長する可能性を秘めるものでもある。それにより、「はざま」という共通性をもつ問題を体系的に捉えることができず、知見応用の機会が乏しくなってしまう。また、不健康だが障害者手帳不保持な者（百瀬 2021）や、正式な病気として認められていない論争中の病（野島 2017）の当事者な[3]ど、現在「はざま」だと認識されている対象者と似たような状況におかれている対象者が、潜在化した「はざま」として存在している可能性もあり、そうした者への支援策の検討が置き去りにされるとも考えられる。

　このように、「はざま」研究は、「はざま」という問題それ自体の分析が進められてきたというよりも、「はざま」を埋めることを目指し、解決策にスポットライトがあてられ、問題そのものについて議論が展開されていないように思われる。そのなかで、解決策に着目した従来の研究や対象者別な知見の蓄積には、2つの疑問が残る。第1に、協働や連携、ニーズ基底型の政策が、すべての「はざま」に万能なのか。第2に、私たちは、すべての「はざま」を把握しているのか。本章では、こうした積み残された課題に、はっきりとした答えを提示することはできない。そこで、やや部分的になってしまうが、支援の「はざま」という問題そのものについて理解を深めるために、「はざま」概念の整理を試み、「はざま」対策の目指す方向性とは何なのか、次節以降で検討していくこととする。

2. 「はざま」支援のゴールとは何か

(1) 問題解決に向けた目的の設定

　ある問題の解決策を探るには、問題そのものについて理解することが必要である。「はざま」問題の政策評価をおこなっていくには、「インプット（投入）→アクティビティ（活動）→アウトプット（産出）→アウトカム（成果）」の一連の流れに沿った、問題解決に向けた論理（ロジック）を展開する必要がある。インプットからアウトカムまでの論理展開は、「はざま」問題の解決策として何が効果的であり、どのような資源を投入すると一定の効果が期待できるのか、仮説として導き出されているのである。つまり、政策を評価するという作業は、第一義にプログラムを評価するためでもあるが、同時に、問題の解決策を模索するという意味合いも含む作業となる。これは、問題解決に向けたストーリーラインを作ることと同義であり、そのためには、問題を解決する方向性と解決策の見通し、問題解決の目的がある程度はっきりしている必要がある。

　それでは、「はざま」問題を解決する方向性や解決策の見通し、目的（何をもって解決とするのか）は、どのように設定することができるだろうか。一般的に、問題とは、「現状と理想的状況（目標）とのギャップ」（佐藤1977）と定義される。では、「はざま」問題の現状と理想的状況（目標）とは何なのだろうか。

(2) 「はざま」問題とは？

　では、「はざま」とは、どのような状態なのだろうか。ここでは、「はざま」を定義した論者の見解をもとに、概念整理をおこなっていきたい。「はざま」概念を整理すると、「はざま」問題には、大きく分けて4つのフレームが存在しているのではないかと考えられる。

　まず、「はざま」の定義として、しばしば引用されている平野（2015, p.19）では、「福祉支援の狭間は、問題／ニードを抱えた対象者が、その問題解決／ニード充足に必要な手段・方法や資源がなく、要支援状態のままに置かれている状態」と定義づけている。

　平野によると、「福祉支援の狭間」とは、ただ単に、制度が問題／ニード

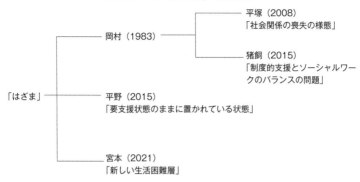

図表 5 − 2 「はざま」の捉え方

```
                                    ┌── 平塚（2008）
                                    │   「社会関係の喪失の様態」
                   ┌── 岡村（1983）──┤
                   │                │
                   │                └── 猪飼（2015）
                   │                    「制度的支援とソーシャルワー
                   │                    クのバランスの問題」
「はざま」─────┤
                   ├── 平野（2015）
                   │   「要支援状態のままに置かれている状態」
                   │
                   │
                   └── 宮本（2021）
                       「新しい生活困難層」
```

出所）筆者作成

充足に対応する量（たとえば、サービスの提供量）や質（たとえば、サービス内容）が、不足しているもしくは不十分であるという認識ではなく、むしろ、「支援の手立てがない」という状態であると指摘している。これは、「制度の不備や欠陥」という限定的な捉え方というより、支援者側からの認識であり、「問題／ニーズを抱えた対象者」「手段・方法や資源」「支援者」という 3 者関係で捉えたものであると考えられる。

　一方で、猪飼は、「『制度の狭間』問題は、煎じ詰めれば、個人の生活問題に対して、何をどこまで制度的支援とソーシャルワークがそれぞれ担うべきであるか、という問題になる」として、社会制度とソーシャルワークの代替性を前提としなければ「制度の狭間」問題は生じず、双方のバランスの問題は代替可能な領域に存在すると論じている。つまり、「制度の狭間」問題は、「制度的支援とソーシャルワークのバランスの問題」（猪飼 2015、p.32）だと指摘している。

　猪飼は、岡村（1983）の「狭間」を「社会福祉の固有の領域」として位置づける理論について言及し、社会保障モデル（社会制度）と生活モデル（ソーシャルワーク）という 2 つの支援戦略を提示している。制度による支援とソーシャルワークによる支援といった支援戦略に着目する点に特徴がある。

　他方で、平塚ほか（2005）[(4)] は、「仮説的な概念としての『狭間』とは、『生活ニーズをもつ人々が保健、医療、福祉及び他の関連する援助を有効適切に利用

できない状況が創出される状態で、社会関係の喪失の様態をさす』」としている。また、「利用者自身がむしろ専門職をはじめ家族や地域の人々、多様な社会制度と関係を切り結ぶ社会関係上の不適切な構造と機能、価値の問題が生活困難をより経験し、生活破綻のリスクをさらに抱えさせるようなメカニズムを『狭間』」と規定し、「本質的には保健、医療、福祉のサービスの利用者（以下、本研究ではクライエント＝ CL とする）が矛盾している世界におかれたり、追いやられる状況が『狭間』なのである」（平塚ほか 2005、p.460）としている。

　この 3 つの「はざま」の言い換えは、それぞれどのように違うのか不明であるが、平塚らの「はざま」の定義は、社会関係に着目し、最初の定義にあるように「社会関係の喪失の様態」を「狭間」としている点に特徴がある。これは、岡村（1983）が示した、生活困難を人間－制度の関係における不調和、欠損、制度の欠陥として捉える社会関係論に依拠しているからである。具体的には、制度が未整備で支援を受けることができない状態を「狭間」としているだけでなく、クライエントの意思よりも家族の意向を優先する状態や、クライエントの意思を尊重せずに決定された状態も、「狭間」として捉えている。

　また、狭間の生成については、「なにより多様な物事の決定に前述の多様な人々の諸価値が多極的社会関係内で相互に影響しあい生活事象に甚大な影響を与え『狭間の生成』に関与している」（平塚ほか 2005、p.468）と述べている。

　「はざま」の定義や生成要因をまとめると、平塚らは、物事を決定する際、クライエントやその家族、ソーシャルワーカー、その他の専門職といった人々の「価値」の相互作用が、「狭間」の生成に関与していると指摘し、「狭間」の問題を合意形成（意思決定）の問題と関連づけていると考えられる。また、岡村理論に着目した点は、猪飼（2015）と同様である。ただし、猪飼は岡村理論の「ソーシャルワークと社会制度の関係性」に焦点をあてているのに対して、平塚らは岡村理論の「人々が関係性のなかで生きている点」に焦点をあてているという違いはある。

　最後に、「新しい生活困難層」（宮本 2021）という認識もある。宮本は、「制度の狭間」におかれる人々を「安定した仕事に就くことができず、さりとて福祉の受給条件にも合致しない、いわば制度の狭間にいる人々」（宮本 2021、p.3）として、「新しい生活困難層」と呼んでいる。宮本によると、この「制度

の狭間」に陥る人々は、行政・会社・家族という「三重構造」と「福祉制度」の間に挟まれている。

　ここで想定されている「制度の狭間」の対象者とは、就労している状況にあるが複合的な問題を抱え、十分な賃金を得ることができない個人や世帯のことを指す。こうした捉え方によれば、「制度の狭間」は、既存の社会保障制度が想定してこなかったライフコースを歩む人々の顕在化や、労働と福祉という領域を跨ぐ問題⁽⁵⁾とされている。

　このように、「はざま」問題の捉え方は、個人のニーズの充足が不十分だと捉えるものやソーシャルワークと社会制度の関係性として捉えるもの、「はざま」を人々の関係性のなかで生じる価値の相違として認識するものなど、論者により異なり、「はざま」という現象が、支援を必要とするにもかかわらず、それが達成されない状態であるという共通認識はあるものの、「はざま」の抽象的概念の意味には開きがあると結論づけることができる。

(3)「はざま」問題に対する政策目的の仮設定

　こうしたことから、「はざま」問題の現状についての捉え方は、これまでの記述のなかでふれた通り、混乱状態で明確な共通理解があるわけではないと思われるが、各論者の見解を総括すると、「支援を必要とするにもかかわらず、支援を受けることができない状況」という理解で差し支えないだろう。一方で、「はざま」問題における理想的状況とは、「支援を受けることができること」（ただし、必ずしも、要支援者のニーズが充足されるとは限らない）と、ひとまず理解して問題ないだろう。

　より詳しく検討するならば、「はざま」におかれる人々のニーズは、個人の抱える具体的な問題により異なると考えられるため、個別ニーズにテーラーメードした目的を設定すべきなのだが、今回は「はざま」問題解決に向けた全体像に焦点をあてることとして、各「はざま」に合わせた詳細な解決策の吟味については、今後の課題とする。

　以上より、本章では、「はざま」問題の現状を「支援を必要とするにもかかわらず、支援を受けることができない状況」とし、問題解決の目標を「支援を受けることができること」として、問題解決に向けたスタートとゴールを設定

図表 5 - 3 「はざま」問題に対する政策目的

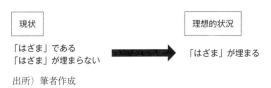

現状

「はざま」である
「はざま」が埋まらない

理想的状況

「はざま」が埋まる

出所）筆者作成

する。言い換えると、「はざま」対策のスタート（現状）とは用意された支援策のどれにも合致せず、支援策と支援策の間に落ちる「埋まらない状況」であり、その状況から目指すゴール（理想的状況）とはその溝を「埋めること」として設定することができる。次節では、障害や生活困窮をとり巻く「はざま」について、これまでの研究で示された見解や事例をもとに、仮設定した「はざま」政策の目的の是非を検討していきたい。

3. 「はざま」を「埋める」／障害や生活困窮に関する「はざま」

（1）障害と生活困窮をともに論じる理由

　本節では、障害や生活困窮に関わる「はざま」を中心に、「はざま」対策の仮目的として導き出された「はざま」を「埋めること」について考察していく。

　なお、この2つを一緒に論じる理由としては、ひとりの者が双方の要素をもち合わせていることも珍しくなく、関わり深いものであるからだ。加えて、これは、「はざま」に陥りやすい人がもち合わせている、単一の色では捉えきれない複数の色という特徴の一例でもある。「はざま」に陥りやすい人は、障害と介護、福祉と医療、教育と福祉と医療、司法と福祉といった領域を跨ぐニーズを抱え、そのニーズの複雑性と支援体制のあいだに不一致が生じやすい存在である。また、個別性が高く、一つひとつのニーズを正確に把握することや、各ニーズの相互作用について慎重に判断することが求められ、政策体系や支援体制のあり方に変化が求められている。

　今回は、分析対象を、障害と生活困窮の両方をもち合わせている者に限定しているわけではないが、障害や生活困窮に関わる「はざま」として言及された文献のなかには、潜在化してこれらの要素をもち合わせている可能性を考慮し、

ともに論じることとする。具体的に、以下の記述では、障害や生活困窮に関わる「はざま」として取りあげられている文献をもとに、「はざま」対策の目的を「支援を受けることができる」(「はざま」を埋める) こととして設定すると、どのような肯定的な帰結や否定的な帰結が得られるのかみていく。

(2)「埋める」ことの肯定的な帰結と否定的な帰結

「はざま」を「埋める」という目的を達成した場合、「はざま」におかれていた対象者は、どのような影響を受けるだろうか。

第1に、「埋まる」ことにより、必要な支援が行き届く、つまり「はざま」の解消が見込める。広井 (2000、p.220) が「施策の谷間」と指摘するように、高齢者ではない医療・福祉ニーズを抱える当事者やその家族への対応は遅れがちである。日本における障害の定義や範囲は限定的である。65歳未満で老化に起因しない疾患の発症や交通事故にあった結果、要介護状態となった対象者は、介護保険制度の対象にならず、はたまた、機能障害が継続的でない場合には障害認定も受けられず、障害者福祉施策の対象にも当てはまらない (広井2000)。

こうした既存の施策の対象にならず「はざま」におかれる者が、支援の対象として捉えられ、「はざま」が埋まるとするならば、家庭内で対応されてきたケアの社会化や、このような処遇におかれる人々の存在が社会的に知られるようになるかもしれない。これは、「はざま」が埋まる肯定的な帰結であると考えることができ、政策の改定が受給資格の範囲を広げ、「はざま」の解決策となる。

このように、政策が規定する対象者の範囲を見直し、「はざま」の解消を目指すという方向性は、若年性認知症の当事者 (遠藤2020) や難病者 (大野2014、大瀧・白井2014)、障害のグレーゾーン (百瀬2021) にも通じる。これは、生活困窮に関する「はざま」についても、同様であると考えられる。生活困窮者自立支援制度についての評価は、多種多様であるが、「はざま」を「埋める」という観点にたつと、これまで就労にも福祉にも届かぬ人々が、「支援を受けることができる」状況を整える試みであるといえるだろう。

これらを踏まえると、社会福祉の主たる対象者として支援がなされてこな

かった層に対する「はざま」については、政策の対象者の見直しが「はざま」を埋める解決策となると期待できよう。

　この他にも、「はざま」を「埋める」ための解決策は、生活困窮者自立支援制度のような政策的な転換だけではなく、様々な支援策が検討できる。たとえば、本人の認知能力の低下に伴い必要書類が提出できず、年金の受給が停止されるようなケースについては、行政の部署間の連携や、行政と専門機関の連携、訪問（片岡 2011）が「はざま」の解決策となる。また、地域住民から相談がもち込まれるケースが多いことを考慮すると、地域住民との連携や、「はざま」におかれる人々を見つけ支援につなげていくシステムづくり（熊田 2015）も、「はざま」を解消する解決策として期待できよう。どのような解決策が「はざま」の解消につながるのかは、個々の「はざま」が生成された要因や形態に左右されるということである。

　第2に、「埋まる」ことにより、新しい問題が発生する可能性がある。つまり、支援の「はざま」を「埋めること」で、空白地帯の充足は見込めるが、その一方で、「はざま」とは別の問題に直面することになる。これは、トレードオフの問題でもある。

　一般的に「はざま」とは、何らかの理由で、「必要とする支援を受けることができない状況」を意味するため、その「はざま」に対する解決方針として「埋める」が採用されるというのは、何も不自然ではない。しかしながら、「埋める」手段として、政策の対象者になるという解決策が施される場合は、一筋縄ではいかない可能性がある。なぜなら、スティグマの付与やアイデンティティの揺らぎに関わる可能性があるからだ。

　廣野（2021）は、生活困窮者自立支援制度に関する調査をもとに、生活困窮の背景に障害がある事例を幾つか紹介している。これらの事例では、生活困窮状態にある本人に軽度の知的障害もしくは発達障害が疑われ、養育手帳の取得を進めるも、支援が進まない様子が取りあげられている。こうしたケースにおいて、支援が進まない理由としては、障害を認めたくないという本人や家族の思いだけでなく、障害を証明するために必要な書類を集めたりといった手続きの煩わしさもある（廣野 2021）。

　こうした障害認定の拒否や、支援を受けるまでに辿らねばならない事務手続

きは、生活保護を受けたくないと拒否するケースにも通じるものである。これらの状況は、本人の必要が満たされず、「はざま」に陥っているといえると思われるが、前述の既存の施策の対象にならず「はざま」に陥る者とは別のあり様である。また、本人が拒否しているのに、支援者側から支援の必要性を押し付ける行為は、パターナリズムを引き起こしかねない。このように、ある政策の対象となることは、「はざま」を「埋める」こと、もしくは、そもそも「はざま」状態に陥らないことを意味するが、それは同時に本人の自己認識や、場合によっては周囲からスティグマを付与される可能性も秘めている。対象として規定されることの否定的側面が窺える。

　このように、「はざま」対策の目的を「埋めること」とすると、「支援を受けることができる」が「はざま」支援のゴールとして設定することができ、これには肯定的な帰結と否定的な帰結の双方を含む場合があると推測される。肯定的な帰結とは、支援が届く状況となり、「はざま」が「埋まる」ことにより、サービス給付や現金給付が可能になるということである。それにより、生活が改善されると期待できる。一方で、否定的な帰結としては、スティグマの問題が新たに浮上してくるというものである。これは、「政策の対象化による周縁化」（山村 2020）の問題である。

　つまり、「はざま」問題は「はざま」におかれる状況そのものが問題なのだが、「埋める」ことだけでは、実質的な問題を取り除くことにはならないのである。政策評価という観点からみると、「はざま」を「埋める」という目的の達成は、肯定的に受けとめられるかもしれない。しかしながら、現状と目的の差を測定するだけでは表面化されない、政策の福次的な否定的側面が隠されている可能性は払拭できない。そもそも、生活というものは生きている限りとめどなく続いてゆくものであり、人間は多面的な存在である。本来、「はざま」におかれる人々への支援目的は、「はざま」を「埋める」という支援につなげるという限定的なものではなく、それぞれの人々の生活をよりよいものにすることにほかならない。そのため、明確なゴールを設定することは難しく、これは、生活支援の目的設定と、現状と理想的な状況の距離を測る困難さそのものを意味している。

図表 5 - 4 「はざま」を「埋める」という目的の帰結

要因	現状	理想的状況	影響
支援策がない	「はざま」	「はざま」が「埋まる」	**肯定的な帰結**

解決策
ex.受給資格の範囲の見直し

| 支援策はあるが、知らない手続きに不備がある | 「はざま」 | 「はざま」が「埋まる」 | 支援を受けることができる |

解決策
ex.訪問

| 支援策はあるが、拒否 | 「はざま」 | 「はざま」が「埋まる」 | **否定的な帰結** スティグマの付与 |

解決策
ex.信頼関係の構築

出所）筆者作成

4. これから深めていくべきテーマ／「はざま」の交通整理

　これまでの記述から、「はざま」問題は解決策に目が向けられがちで、問題そのものについての議論が手薄であることを確認した。「はざま」が問題であるということは、多くの人々が認識していることであるが、それぞれが思い浮かべる「はざま」には違いがあるようだ。ある人は生活困窮者を思い浮かべ、ある人はひきこもりの人々を脳裏に浮かべ、それは「りんご」と聞いたときに「赤いリンゴ」や「緑のリンゴ」を想像するのと同じような現象である。現時点で、「はざま」研究や政策は、それぞれが想定した「はざま」に対して、それぞれが最適だと思う解決策を個別的に主張している段階にあると思われる。

　前節で示された、第1と第2の「はざま」が「埋まった」後に受ける影響の違いは、「はざま」が生成される要因に左右されている。「はざま」が「はざま」となっている理由には、大きく三つの背景要因があるのではないかと推測される。一つに、そもそも、「はざま」に陥る集団に対する支援策が不十分であるという、受給資格の範囲に関わる問題である。二つに、制度があることや相談機関を知らない、もしくは、支援に辿り着くまでの事務手続きなどに不備が生じ「はざま」状態に陥るという本人の状況に関する問題である。三つに、「はざま」を「埋める」もしくは「はざま」に陥らないという選択により、被ることになる不利を考慮した選択の結果として、「はざま」となっているとい

う政策の対象化によるスティグマの付与や自己認識の変容に関する問題である。つまり、「はざま」といえども、その背景要因や「はざま」状態に至るまでのプロセスには、多様なルートが存在しているとわかる。とすると、各「はざま」の形態によって、「はざま」の埋め方や当事者が抱える問題、最適な支援策は異なると推測される。

　以上を踏まえると、これからは、「はざま」の交通整理をおこなっていく必要があると考えられる。具体的には、どのような状態の「はざま」があるのか、連携や協働、包括的な支援体制、ニーズ基底型の政策は、どのような「はざま」形態に対して最適な解決策となりうるのか（解決策の守備範囲）、そして、それぞれの「はざま」に最適な解決策は何なのかを明らかにしていくことが求められる。

　「はざま」は、その多彩さから、一つひとつの色味に応じていくことや、もち合わせているすべての色にマッチする対応策を見つけ出すことが難しい。図表5－5で示した個々の「はざま」と解決策の整合性は、実際にはもっと複雑になると予想される。それもそのはずである。そもそも、人間は複合的な存在で、生活そのものは、制度や周囲の人々、社会資源といったあらゆるものに取り囲まれて成り立っているものである。そのため、何か一つ、たとえば、完璧な制度をつくることができたら「はざま」は解消されるのかというと、そこまで単純ではないのである。

　「はざま」に陥っている人々の生活を支えるには、多角的な取り組みが必要で、「はざま」を「埋める」という方向性だけでなく、場合によっては「埋めた」としても新たなる心配事が増えないような社会への働きかけも支援のあり方の一つになるだろう。また、複雑な問題を解くためには、分野を超えた研究も必要になると考えられる。「はざま」をめぐる問題を解決するには、まだま

図表5－5　支援の「はざま」の交通整理

過去	現在	未来	
要因A ———	はざまA ———	解決策A ———	影響A
要因B ———	はざまB ———	解決策B ———	影響B
要因C ———	はざまC ———	解決策C ———	影響C

出所）筆者作成

だ程遠いが、少しずつでも社会問題の解決に向けて、試行錯誤していく地道さが求められているのかもしれない。

手にとって読んでほしい5冊の本

1. 岡村重夫（1983）『社会福祉原論』全国社会福祉協議会
「はざま」といえばこの方。多くの研究者が、岡村氏の理論をもとに「はざま」について考察している。

2. 史邁（2021）『協働モデル―制度的支援の「狭間」を埋める新たな支援戦略』晃洋書房
「協働」という言葉はよく聞き慣れた言葉だが、具体的にはどのようなものなのか気になった人もいるはず。協働モデルの実証研究。

3. 永田祐（2021）『包括的な支援体制のガバナンス―実践と政策をつなぐ市町村福祉行政の展開』有斐閣
「制度福祉間の協働」「制度福祉と地域福祉の協働」という視点から、包括的な支援体制がつくられていくプロセスを辿っている。地域福祉（メゾ）から「はざま」への支援を目指す。

4. 宮本太郎（2021）『貧困・介護・育児の政治―ベーシックアセットの福祉国家へ』朝日新聞出版
政治学の視点から、「新しい生活困難層」と呼ばれる「はざま」について考えている。ベテランの福祉政治学者が提示する解決策は、ベーシックアセットである。

5. 村上靖彦編著（2021）『すき間の子ども、すき間の支援――人ひとりの「語り」と経験の可視化』明石書店
「はざま」というと、生活困窮者をはじめとする大人に焦点があてられがちだが、本書は子どもの「はざま」を題材としている。新しい研究の方向性を示している。

注
(1)「はざま」の表記は、「はざま」の他に「狭間」と表記をしている文献も見受けられるが、特に意味合いに違いはない。引用については、引用元の表記をそのまま

用いている。

(2)「制度の狭間」というキーワードで検索すると、78件中74件が2000年以降であり、2010年以降の文献は59件、そのうち2015年以降は44件である（2022年1月13日現在）。

(3)「論争中の病（contested illnesses）」は、検査では異常を確認されない疾患であるため、当事者は長期間、未診断状態や精神疾患などと誤診を経験しがちである。野島（2017）では、周囲の理解を得ることができず、福祉サービスの必要性が他者に伝わらなかったり、役所で社会サービスを受ける手続きを拒否されたりと、支援につながりにくい様子が明らかにされている。

(4) 平塚ほか（2005）では「はざま」に追いやられた結果、社会的排除に至る事例が紹介されている。一方、阿部（2007）では、社会的排除の指標に「制度からの排除」の項目があり、今後、社会的排除と「はざま」がどのような関係にあるのか検討の余地がある。

(5)「制度の狭間」と類似した問題として、濱口編（2013）では、社会保障・社会福祉政策と労働・雇用政策の政策間に生じる「政策のはざま」について言及されている。

━━━━━━━━━━━━━━━━━━━━━━━━ コ ラ ム 3 ━━━━━━━━━━━━━━━━━━━━━━━━

日本の地域福祉政策に必要なマネジメントについて

1．地域福祉（活動）計画の実態

　日本の多くの地方自治体では、市町村が「地域福祉計画」を行政計画として策定
し、社会福祉協議会が「地域福祉活動計画」を実践計画として策定し、基本的には
2つの計画に沿って地域福祉活動が推進されている。現在、これらの計画が必ずし
も連動していない自治体もあれば、両者の役割分担を明確にしている計画もあった
り、2つを一体化して策定している自治体もあるなど、様々な形で計画が策定され
ているのが現状である。2018年に改正社会福祉法が施行されたことで、地域福祉
計画の策定において、調査、分析、評価をおこなうことやそれに応じた計画の変
更をおこなうこと、つまり市町村の地域福祉計画の進行管理にPDCA（Plan-Do-
Check-Act）サイクルが努力義務として導入され、他の各種福祉関係計画の上位計
画として位置づけられることになった。これにより、より論理的に計画が策定され、
評価を通じた計画の見直しをおこなうことの重要性が明確に打ち出されたことにな
る。

　それでは、現在の地域福祉はどのように実践され、どのような課題があるのであ
ろうか。まず、2020年の市町村における地域福祉計画の策定状況をみると、策定
済みが1741ある市町村の80.7%となっている。ちなみに、未策定の自治体の策
定できない主な理由は、「計画策定に係わる人材やノウハウ等が不足している」と
いうことである（厚生労働省 2020）。そして、計画のある市町村のうち、「計画
に評価方法を明記している」のは、37%、「計画に評価指標を明記している」は
25.1%にとどまっている（厚生労働省 2020）。計画を策定する自治体は増えてき
ているが、事業報告はあっても評価指標などを活用した評価は実施していない自治
体がまだ多く存在することがわかる。

　地域福祉活動計画の評価についてみてみると、そもそも評価を実施していないと
いった地域もあるが、実施していたとしても 、評価でみるのは「開催したサロン
の回数」や「配置されている相談員の人数」など実績が中心であり、報告書からは

活動の具体的な効果や成果については把握するのが難しく、適切な評価がおこなわれているとはいいがたい。そして、特に地域福祉活動計画においては、住民参加のもと住民の福祉の向上や問題の解決につながる計画策定を目指している自治体がほとんどであるが、実際は住民の積極的な関わりに困難を感じている自治体が多い。

2．地域マネジメントの意義

　それでは、これらの課題に対し、どのような対策が考えられるであろうか。いかなる事業においても、計画策定や計画に基づく実施、評価、そして計画の見直しといった一連の活動の管理や推進にはマネジメントが欠かせない。地域マネジメントとは、「地域の実態把握・課題分析を通じて、地域における共通の目標を設定し、関係者間で共有するとともに、その達成に向けた具体的な計画を作成・実行し、評価と計画の見直しを繰り返しおこなうことで、目標達成に向けた活動を継続的に改善する取組」（地域包括ケア研究会 2016、p.2）と定義され、地域福祉活動計画においても工程管理の方法として実践での効果が期待できる。

　しかし、ただ単にマネジメント方法を取り入れればよいというわけではない。実はその実施方法がより重要であると考える。たとえば、地域福祉活動計画の策定や事業評価において、住民を含めた地域のステークホルダーが参加できる「場」を設定することや、議論の場において住民のモチベーションをあげる仕組みがつくられる、といったことが挙げられる。これは、「公共価値を生み出す場」でもあり、長期的な地域福祉活動の推進においてこのようなボトムアップの計画策定は大きな意味をもつ。

3．主役は多様なステークホルダー

　ここで、一つの実践方法として、活動計画の枠組みであるロジカル・フレームワークの作成を提案したい。これはロジックモデルの考え方を基にしており、プロジェクト設計が、投入から活動、そして効果発現までそのロジックに注意して作成され、それぞれの因果関係が明らかになることで目的達成の要因や失敗の原因がわかりやすくなるというわけである。

　また、成果にはそれぞれ指標を設定することが必要となる。福祉の分野では能力強化や意識の強化など量的評価のみでは把握が困難なのも実情である。よって、質

的なものと量的なものを組み合わせて評価指標を設定するなどの工夫が必要である。たとえば、地域のボランティアの数に関しては、地域の実情のアセスメント結果に基づいて目標設定をおこない数年後の目標値を指標に書き込み、経年変化をみることも可能である。また、質的内容では、アンケート調査やワークショップなどを通じて住民の満足度や意識の変化について把握することが可能である。これらをうまく組み合わせながら指標を設定することが重要であるといえる。

ロジックモデルの考え方は、既に自治体の総合計画において事業管理のために用いられている例があるが、まだ多くはない。また、内閣府が推進するEBPM（Evidence-based Policy Making：証拠に基づく政策立案）においても、この考え方に基づき事業の目標を明確化し、立案や工程管理をおこなうことの重要性を説明している。

当然ながら、ロジカル・フレームワークを活用した地域福祉活動計画の策定においては、主役は地域住民を含めた多様なステークホルダーであり、地域の課題、地域の目指す目標、その目標を達成するための手段や方法、求められる行政の支援など、あらゆる可能性を想定して議論されるべきである。最近は、民間企業が地域貢献として地域活動に積極的にかかわる事例も増えてきている。たとえば、計画策定やモニタリング、評価活動にも地域のステークホルダーとして参加してもらい、民間企業の事業展開や課題解決方法など、その行程管理において民間企業の経験を大いに活かすことも自治体にとり良い刺激になるだろう。

地域福祉の評価をおこなうのは地域の住民を含めた多様な関係者自身であり、それを改善しより良い地域福祉活動計画にするのも同じく私たち自身である。これからの地域福祉は、地域づくり、まちづくり分野と協働し、地域全体に様々なネットワークが張り巡らされることで、すべての住民が社会的に孤立することのない地域社会を創っていくことが求められる。それには、住民や地域の多様なアクターを地域マネジメントの実働部隊の一員として位置づけることも重要だが、私たち住民自身の意識改革も求められるのである。

（内山智尋）

「ここの子」ではない者による社会的居場所の構築の むずかしさ

　筆者が近畿地方のとある被差別部落（以下「A 地域」と示す）を初めて訪れたのは 2021 年の春である。所属先で人権問題を研究されている先生たちが、フィールドワークに誘ってくださったのがきっかけだった。筆者はそれまで、社会から排除されている人々が、働くことによって社会への（再）統合を目指し、職場を社会的居場所と位置づける労働統合型社会的企業を主な研究のフィールドとしてきたが、もっと原義的な社会的居場所の形成にも興味をもち、A 地域へのフィールドワークに参加した。

　フィールドワークをおこなう際の自己紹介で、コーディネータをつとめる現地 NPO の代表に、社会的居場所づくりを研究していると伝えたところ、大変な興味をもってもらった。代表は、地域的課題を A 地域ならではの特性で解決したいと考えていた。筆者自身も A 地域の周辺住民として A 地域の目に見える課題、たとえば、多数の空き地や高齢化などに興味をもち、それらを社会資源として社会的居場所につなげられるのではないかと想像した。このようにおたがいの興味関心が一致し、最初の訪問から 1 カ月も経過しないうちに、A 地域の社会的居場所づくりの参与観察を始めることとなった。

1.「ここの子」ではない人間が我が物顔で A 地域にいる

　そこで、筆者の顔や存在を認知してもらうために、A 地域で活動をおこなっている NPO の手伝いを始めた。新型コロナウイルス感染拡大下での生活上の困難や、希望するサービスについてのアンケートを、公営住宅の住宅費の徴収を兼ねて取るということで、筆者は所属先の ID カードを首から下げて、十分に正体を明かしたつもりでアンケートに取り組んだ。特設会場に住宅費をおさめきた人々に、「こんにちは、私は○○といいます。××大学で教員をしています。今 NPO のお手伝いをしていて、アンケートに答えてほしいんです」とひとりひとり声をかけた。一

瞬凍り付いたような表情をしつつも回答してくれる人が多かった。筆者は、A地域の人々のこの凍り付いた表情に対し、知らない人間が急に声をかけてきたことで驚いているのだろうと捉えていた。しかし、事態は筆者が考えていたよりもより根深かったことにあとから気づかされる。

初日に声掛けのコツをつかみ意気揚々と翌日の調査にのぞんでいたが、住宅費をおさめに来た女性がじっと筆者を見つめ、かたわらにいたまた別の女性に他の地域住民と同じように凍り付いた表情で「あの子、ここの子と違うね?」といった。その女性はただそういっただけだったし、何か悪態をついてくるということもなかったが、筆者は強くショックを受けた。今までにもさまざまな場所に参与観察のためにおもむいたことはあったが、そのようなことをいわれたことがなかった。しかし、そういったことをいわれたことがなかっただけで、小さなコミュニティにおもむけばよくあることだったのかもしれなかった。ここの子ではない、すなわち、A地域の外から来た人間が、いったい何をするつもりなのだろうという、迷惑やあきれ、困惑、恐怖が言外ににじみでている人たちに対して、たじろがないでいることはできなかった。

とはいえ、筆者は「ここの子ではない」という視線や意識を受け入れながら、「ここの子ではありませんがここで社会的居場所を構築したくてここにきています」という表情をしながら、2021年の晩秋も、さまざまな活動に顔を出している。受け入れられていると感じたことは、まだない。もちろん、たった半年で受け入れられていると感じるほうが厚かましいともいえるだろう。しかし、いつになったら「ここの子ではない」という呪縛が取り除かれるのだろう、という希望をもっていないわけでもない。

2. 排他性、閉鎖性をあえて維持させる場作り

A地域で長く暮らしてきた人びとにとって、筆者という存在はたしかに異物でしかなかっただろうし、もっといえば、A地域の秩序を乱すものとして排除すべき存在だろうと理解できる。岸(2020)は沖縄を例にとり、「戦後になってはじめてよそ者が入ってきた地域では、それまでの秩序や儀礼や入会地などの権利を守るために、かえってそれまでよりも排他的・閉鎖的にならざるをえなかったのではないだろうか」と論じているが、A地域でも同じことがいえるのではないか。さらにい

えば、その排他性、閉鎖性をＡ地域の人々に担保せずに「ここの子」ではない筆者が社会的居場所をその場に構築しようとしても、誰も寄りつかない、寄りついたとしても少しも気が休まらない、得体のしれない場になる可能性がある。社会的居場所はそんな場をさす概念ではないし、かといって、内輪でまとまって何となく今まで通りの狭い社会関係で完結する場をさす概念でもない。これまでつちかってきたこまやかな社会関係を大切にしつつ、また別の社会とつながり、大きな社会の中に主体性をもって存在する。そういった場が社会的居場所ではないだろうか。

　こうしてみてきたように、社会的居場所の構築という、誰にとっても居心地のいい場所、なおかつそこを中間地点として社会とつながれる場所を作り上げるといった崇高な目標は、ときに地域の複雑な歴史、住民の言葉にしがたい感情を置き去りにしてしまう可能性をはらんでいる。仮にそこがにぎわいのある場になったとしても、Ａ地域以外の土地からやってきた人が一時的に逗留するだけの地となったとき、地域住民はいったいどのような感情をもつのだろうか。最悪の場合、社会的居場所とおぼしきその場を憎み、つぶそうとすることすらもありうる。

　筆者は、自分がいかに安直に社会的居場所づくりに取り組もうとしていたか、あの凍り付いた表情をした女性に思い知らされたことになる。結局、「ここの子ではない」支援者が、被支援者である「ここの子」を見下すという構造に自分もどっぷりとつかっていたのだ。

　地域住民が心から望む、また、地域住民が別の社会とつながれてよかったと安堵できる社会的居場所のありかたを「ここの子ではない」研究者、実践者は常に模索すると同時に、「ここの子」として受け入れられなくても活動をやめないことを意識の中においておかなければならないと考えている。

（森瑞季）

第2部
東アジア／取り組みの最前線

【1】 韓国の経験と実験　解題

　韓国の年金制度（名称は国民年金）は 1988 年に施行され、2017 年には、税を財源とする「基礎年金」が別途新たに制度化された。医療保険制度は 1989 年に職域保険と地域保険の二本立てで皆保険が達成され、2000 年保険者の統合、2003 年に保険財政の統合がおこなわれ、一本化が達成された（国民健康保険制度の成立）。2007 年には長期療養保険（介護保険）制度が実施されている。

　上のような制度の中身はもちろん日本と比べて違いはみられるが、制度の大枠として、大きな差はない。したがって、日本との比較の「共通の土俵」が 1990 年ごろには形成されていたといえる。

　日本と韓国は、皆保険・皆年金の時期を基準に考えると、年金と医療保険はほぼ 30 年弱のタイムラグがある。しかし、介護保険はそれよりも短く 7 年のタイムラグにとどまる。介護保険が日本に遅れることわずかな期間で制度化されたということは、一方では日本よりも急速に進む少子・高齢化を見越したものである。同時に、他方ではこの間の韓国の「圧縮的な近代化」と「スピードの速い社会保障の整備化」の一つの産物として把えることができる。

　しかし、近年の動きをみると日韓の間に分岐がみられることに注意が必要である。その代表例は、年金にしても医療保険にしても日本では達成されていない職域保険と地域保険の統合（被用者と自営業者を同一の保険制度に包括）がなされていることである。さらに、2000 年の国民基礎生活保障法の施行、2008 年の給付つき税額控除制度（EITC、勤労奨励税制）の導入、2015 年オーダーメイド型（寄り添い型ともいわれた）給付体系などの導入を含む基礎生活保障法改正法の施行、2017 年の基礎年金の導入により、その分岐の傾向は強まっている。

　上のような韓国での動きは、対象者の範囲を拡大しながら平等・普遍主義的な方向を目指すものであるが、財源からみると保険方式をベースにしつつもそこに税財源の投入を図っている。こうした分岐は、この間の韓国の金大中、盧武鉉、文在寅左派政権の福祉改革の影響と捉えるべきか、あるいは、そもそも国民のあいだでの経済格差が日本よりも大きく、保険方式ではどうしても捕捉、対応できず、その結果、社会保障の恩恵が及ばない階層が出てくるため、やむなく税の投入による対象者の拡大が図られているのか、あるいはこれら 2 つの要因の相乗効果なのか、こ

うした点は今後解明されるべき課題である。

　韓国では2020年に失業扶助制度（Unemployment Assistance、正式名称は「国民就業支援制度」）が導入された。これは失業保険の給付期間終了者やそもそも失業保険制度の未加入者の所得が中位所得の60％未満の場合に、税を財源として6カ月間およそ月5万円が支給されるものである。受給人員の規模や影響の大きさについてはまだ不透明であるが、これが本格的に制度化されれば、日本の低所得者支援・給付制度からの距離は遠くなるであろう。さらにいえば、以下の第6章、第7章で取り上げるベーシックインカムが韓国で本格的に導入されれば、日本との分岐、乖離は決定的になる。「韓国の経験と実験」から目が離せない。

（埋橋孝文）

///

第6章

社会保障制度改革の政策的文脈

ベーシックインカムをめぐる韓国の経験と政策論への示唆

金成垣

///

グラフィック・イントロダクション

図表6−1　社会保障の機能強化 vs. ベーシックインカムの導入

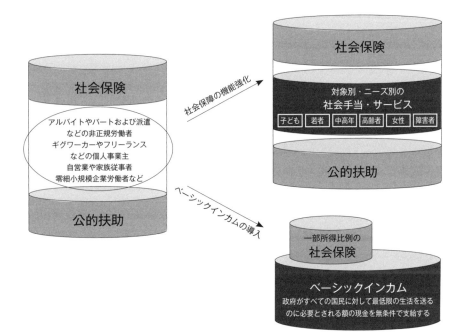

1．何が問題か／社会保障制度改革をめぐる日韓の異なる様子

　韓国では最近、社会保障制度における排除の問題が深刻化している。何より、労働市場の柔軟化や雇用の流動化などを背景にして、社会保険からも公的扶助からもカバーされず多くの人々が生活困窮に陥ってしまうことが重大な問題として指摘される。そこで、従来の社会保障制度にとって代わる新しい政策として、「政府がすべての国民に対して無条件で現金を給付する」[1]ベーシックインカムが有力な改革案として登場している。アカデミズムの世界だけでなく、後にみるように、政治の現場においても、その導入賛否をめぐる論争を含めてベーシックインカムに関する議論が盛んである。ベーシックインカムの実験的実施をおこなう自治体も現れている。

　これに対して日本はどうか。従来の社会保障制度のもつ排除の問題が指摘され、その解決のための改革議論が活発におこなわれているのは、日本も同様である。韓国のように、問題の解決策としてベーシックインカムが取り上げられることも少なくない（原田 2015、本田 2019、鈴木 2020）。しかしながら、韓国のように、日本でそのベーシックインカムの導入が社会保障制度の現実的な改革案として打ち出されているかというと、そうではない。日本では、どちらかといえば、ベーシックインカム導入論より、従来の社会保障制度の枠内で、社会保険と公的扶助の拡充を図り、同時にその両制度の間に対象別・ニーズ別の社会手当や社会サービスの充実を求める、いうならば社会保障機能強化論が優勢であるようにみえる（埋橋 2011、佐々木ほか編 2019、宮本 2021）。

　以上を背景にしながら本章では、社会保障制度の現実的な改革案としてベーシックインカムが注目を集めている韓国の政策的文脈に着目する。ここでいう政策的文脈とは、ベーシックインカムという個別政策と他の諸政策との関係性およびそれをめぐる社会経済政治的状況をさす。日本を含む先進諸国と対比しつつ、韓国におけるベーシックインカム導入論がおかれているその政策的文脈の実態と特徴を浮き彫りにし、それが、社会保障制度改革のための政策論の展開に対して示しうるインプリケーションを探ることにしたい。

2. 韓国で広がるベーシックインカム導入論

(1) 社会保障制度の整備とその限界

資本主義社会において、失業などによる生活困窮のリスクに対応するために生まれたのが社会保障制度である。その仕組みをみると、保険料を財源とし貢献原則に基づいて防貧機能を果たす社会保険と、税を財源とし必要原則に基づいて救貧機能を果たす公的扶助から構成される。社会保障制度は、この両制度の統合によってすべての人々の生活困窮のリスクに体系的に対応する。

韓国でこのような仕組みからなる社会保障制度が整備されたのは、1990年代末のアジア通貨危機のときであった。当時発生した大量失業・貧困問題をきっかけに、社会保険としての雇用保険の拡充と公的扶助としての国民基礎生活保障（以下、基礎保障）の導入によって、社会保障制度の基本的な仕組みが整備され失業者や貧困者の最低生活を保障することになった。その過程で従来から存在していた年金や医療保険など他の社会保険の調整および整備もすすみ、1999年には皆保険・皆年金を達成した。これをもって当時、韓国における「社会保障制度の成立」といわれた（金2008、松江2014）。

このようにして整備された社会保障制度が、アジア通貨危機による深刻な失業・貧困問題への対応に大きく寄与したことは事実である。しかしその後、特に2010年代に入ると、社会保障制度のもつ欠陥や機能不全が指摘されるようになった。何より急速に進む経済のサービス化やIT化による労働市場の柔軟化と雇用の流動化のなかで、パートやアルバイトおよび派遣などの非正規労働者や自営業またギグワーカーやフリーランスなどの個人事業主など、不安定な状況下で働く人々が増加したことが、社会保障制度の機能不全の主要な要因となった。

少し具体的にいうと、不安定な就労状況にいるかれらは、解雇や雇い止めあるいは業績不振や倒産などの理由によって、所得の減少あるいは喪失のリスクに陥る可能性が高いにもかかわらず、正規労働者の定期的・継続的な保険料納付を前提とする社会保険から排除されていることが大きな問題となった。たとえば、2015年の時点でみると、非正規労働者の社会保険加入率は、年金（37.0％）、医療（43.9％）、雇用保険（42.1％）のいずれにおいても5割を大き

く下回っている（韓国労働研究院 2019）。徐々に改善が図られているとはいえ、加齢や病気および失業によって所得を失っても、大半の非正規労働者が社会保険からの給付が受けられない状況におかれているのは、現在も変わりない。[2]かれらは何らかの理由で生活困窮に陥った場合、公的扶助に頼るしかない。しかし韓国の基礎保障の場合、扶養義務者基準などの厳しい資格条件のため、捕捉率つまり実際の貧困者のうち給付を受けている人々の割合が2割に満たないほど非常に低い水準である（金 2013）。

　韓国でベーシックインカムが議論されるようになった背景には、以上のように、多くの人々が、社会保険と公的扶助のどちらの制度からもカバーされず、生活困窮のリスクにそのままさらされてしまう問題があった。不安定就労者がますます増加し、その社会保険と公的扶助の間の広い狭間の問題が深刻化するなか、特に2010年代半ば以降になると、かれらが「生活不安を超えた生存不安」（ウォン・ヨンヒ 2017）におかれていることが指摘され、そこで「ベーシックインカムが、韓国社会が直面した問題を解決するための有力な代案」（ユン・ホンシク 2016、p.996）として注目を集めるようになったのである。この時期から、アカデミズムの世界でベーシックインカムの議論が盛んになり、またソウル市や城南市などベーシックインカムの政策実験をおこなう自治体もあらわれた。

（2）コロナ禍で活性化したベーシックインカム導入論

　社会保障制度のもつ以上のような問題をさらにかつ全面的に顕在化させたのが、2020年初頭にはじまった新型コロナウイルスによる危機的状況であった。感染症の拡大とその防止策の実施によって、パートやアルバイトなどの非正規労働者および自営業また個人事業主が圧倒的に多い小売や宿泊・飲食など対面サービスを中心とした業種が、厳しい規制の対象になったからである。かれらは仕事を失ったり、収入が急激に減ったりしたにもかかわらず、上記のような社会保険と公的扶助の狭間の問題のため、従来の社会保障制度には頼ることはできず、深刻な生活困窮に直面したのである。

　それに対応するために、「災難基本所得」や「緊急災難支援金」および「国民支援金」など、ベーシックインカム的性格をもつ給付金が各自治体や政府で

矢継ぎ早に実施されるようになった。その具体的な展開過程と内容については別稿を参照されたい（金 2020a）。ここで指摘したいのは、応急的かつ臨時的とはいえ、それらの給付金の実施によって、これまでアカデミックな研究対象あるいは政策の実験対象にとどまっていたベーシックインカムが、一般の人々の間でも関心が高まり、現実味を帯びてきたことである。

たとえば、上記の給付金の実施後間もない時期に、それに触発され、地上波テレビの有名な討論番組で「ベーシックインカムの時代、果たして来るのか」と題し、その賛否をめぐる政治家や研究者の激しい討論がおこなわれた（2020 年6 月）。他のテレビ放送局やラジオ番組、全国紙や地方紙を含む多くの新聞、またインターネット動画サイトでも、給付金の実施によってその可能性をみたベーシックインカムの導入をめぐって、多様な情報提供や意見交換がおこなわれるようになった。その後、コロナ禍の長期化と数回にわたる給付金の延長実施のなかで、現在に至ってもベーシックインカムに関する関心は弱まっていない。

ベーシックインカムをめぐる議論が一時的ブームに終わらず、持続的におこなわれていることに、政治的な状況が絡み合っていることも指摘しなければならない。政治の現場で、もっとも精力的にベーシックインカム導入論を展開しているのが、京畿道知事の李在明氏である。彼は、過去数年間にわたり京畿道城南市でベーシックインカムを実験的に実施した経験があり、その経験をふまえて 1 人あたり月 50 万ウォンのベーシックインカムの給付を主張してきた。コロナ禍のさなかで彼は上記の給付金の実施にリーダー的役割を果たしたこともあり、その後、各種メディアでベーシックインカム導入の必要性を強調している。彼は現在、2022 年の次期大統領選挙のもっとも有力な候補であり、そのため、ベーシックインカムの実現への期待が高まっている。そのなかで、ベーシックインカム導入の賛否をめぐる論争がより激しく繰り広げられている。

3．ベーシックインカム導入論の政策的文脈

（1）リペア戦略か、チェンジ戦略か

そもそも、故障などで本来の機能を発揮できなくなったものに対して、問題を解決しようとするさいに、今のものを前提に修理をおこなうか、それとも新

しいものへと交換をするかの方法があろう。修理が望まれない場合、たとえ
ば、修理をしても本来の機能を戻せないほど深刻な問題を抱えていたり、修理
に要するコストが交換のコストに比べて相対的に高かったり、または、周囲の
諸環境的条件によって物理的に修理より交換がしやすい状況であったりした場
合、問題の解決のためには、修理より交換を選択するであろう。いいかえれば、
「リペア」より「チェンジ」が選択される。

　社会保障制度改革をめぐる状況に照らしてみた場合、社会保険や公的扶助の
拡充とその補完のための社会手当や社会サービスの充実つまり社会保障機能強
化論は、リペア戦略であるといえる。それに対して、韓国のように、従来の社
会保障制度の枠組にとらわれず、むしろそれにとって代わる代替案として出さ
れているベーシックインカム導入論は、チェンジ戦略であろう。

　もちろん韓国で、リペア戦略が議論されていないわけではない。アカデミッ
クの世界で、リペア戦略として社会保障機能強化論を主張する研究者も少なく
ない（ヤン・ジェジン 2020、イ・サンイ 2021）。現に試みられている政府の社
会保障制度改革はリペア戦略に基づいていることが多い[3]。しかしながら、その
リペア戦略に比べて、チェンジ戦略としてのベーシックインカム導入論が劣勢
であるわけでもない。アカデミズムの世界では、ベーシックインカムの有用性
や実現可能性についての議論を超えて、実際の導入のための政治的戦略や具体
的な制度論的課題まで改革実行のための積極的な議論が展開されている（ベ
ク・スンホ 2017、2018、チェ・サンミ／チャン・ドンヨル 2018、ソク・ジェ
ウン 2018、キム・キョソンほか 2018）。上記の李在明氏が 2022 年の大統領選
挙で勝利した場合、ベーシックインカムが韓国で現実のものになるのはほぼ確
実視されている[4]。

　このように韓国で、チェンジ戦略としてのベーシックインカム導入論が盛ん
になっている背後には、社会保障制度改革に関して、修理より交換、つまりリ
ペア戦略よりチェンジ戦略が優先される次のような政策的文脈があると考えら
れる。その政策的文脈は、互いに深く関連する 3 つの側面から説明することが
できる。

（2）チェンジ戦略が優先される政策的文脈

1）リペア戦略では問題解決を期待しにくい

第1に、リペア戦略をとるには現に抱えている問題が深刻すぎると判断される。社会保障制度改革をめぐる韓国の現状をみると、社会保障制度なかでも社会保険から漏れている人々が多すぎるために、従来の制度枠内での改革からは対応しきれず、チェンジ戦略としてのベーシックインカム導入論が盛んになっている状況が窺われる。

たしかに韓国において社会保険の低い加入率については、「死角地帯」の問題として長い間その深刻さが指摘されてきた。特にベーシックインカムとの関連でもっとも多く取り上げられているのが、雇用保険における死角地帯の問題である。図表6－2は就業形態別でみた雇用保険の加入率（2019年）である。そこにみられるように、正規労働者の加入率が8割近くであるのに対して（78.1％）、非正規労働者の場合は5割に満たない（44.4％）。就業者のうち高い割合を占める自営業（2019年、韓国24.9％、OECD平均15.3％、日本10.0％）の場合、雇用保険の加入対象であるにもかかわらず、実際にはそのほとんどが加入していない（0.38％）。また最近、急増しているギグワーカーやフリーランスなどの個人事業主（韓国では「特殊雇用」と呼ばれる）の加入率は1割を下回っている（9.6％）。

図表6－2　就業形態別でみた雇用保険の加入率（2019年）

就業形態	加入率
賃金労働者	65.8%
正規労働者	78.1%
非正規労働者	44.4%
時限的雇用	56.0%
時間制雇用	25.9%
非典型雇用	29.0%
派遣	72.5%
サービス外注	59.2%
特殊雇用	9.6%
日雇	5.7%
在宅勤務	16.2%

就業形態	加入率
自営業	0.38%

出所）韓国労働研究院（2019）から作成

それら非正規労働者や自営業および個人事業主が少数派であれば、リペア戦略としての社会保障機能強化、ここでは雇用保険の適用範囲の拡大による対応が期待できよう。しかしながら韓国の現状はそうではない。図表6－3に示しているように、かれらが全体の就業者に占める割合は5割を超え多数派となっており（2019年52.2%）。その大部分が雇用保険の対象から抜け落ちている。

　このような現状はこの数年間大きく変わっていない。安定した雇用と定期的な保険料納付を前提とする社会保険が、このような状況のなかで、防貧というその本来の機能を発揮することは難しい。そのため、「雇用関係を前提とせず、すべての人々に無条件に現金を給付するベーシックインカム」（ユン・ホンシク 2016、p.996；キム・キョソンほか 2018、p.40）が、チェンジ戦略として登場し現実的な改革案として広がっているのである。

2）リペア戦略にかかるコストが高い

　以上の状況と深くかかわって第2に、リペア戦略には高いコストがかかる。すなわち、定期的に安定して保険料を払うことができない不安定就労者が多数

図表6－3　就業形態別の規模（2019年）

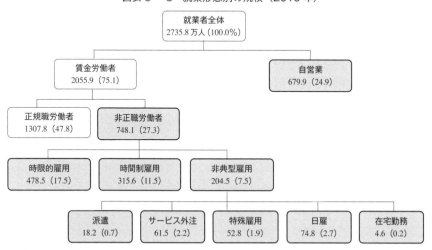

注1）太枠で示している「非正規労働者」とその下位類型および「自営業者」を不安定就労者とみなすことができる。

注2）「非正規労働者」の全体規模は重複するケースがあるため合計と一致しない。

出所）統計庁（2019a、2019b）から作成

派であるなか、かれらを従来の社会保障制度に包摂しようとした場合、その財政負担はけっして少なくない。昨今において、それを賄うための政府の財政負担能力に大きな制限がかかっていることはいうまでもない。

　近年、韓国政府が社会保障制度改革のリペア戦略として試みた「全国民雇用保険」の実現と「国民就業支援制度」の導入という改革過程をみると、そういった状況を確認することができる。

　前者は、主に非正規労働者や自営業および個人事業主など、従来の雇用保険に加入していない不安定就労者への適用拡大を目指したものであり、後者は、「韓国型失業扶助」と呼ばれ、雇用保険の対象にならない失業者に対して、就労支援サービスとともに手当を給付するものである。これらにより、雇用保険における死角地帯問題の改善を試みたものの、財政負担増のため限定的な運営となった。

　すなわち、全国民雇用保険においては、不安定就労者への保険料納付支援に伴う財政負担の急増が懸念され、芸術関係の就業者など一部の不安定就労者のみ（7.5万人）が雇用保険の新しい対象となり、それ以外のほとんどの不安定就労者（政府推計で63.1万人）は今後の段階的な拡大の対象となった。そして国民就業支援制度においても、政府の財政負担能力の限界から、雇用保険の対象にならない失業者すべてを対象とするのではなく、対象選定において所得基準（中位所得60％、18〜34歳は120％）による資力調査が設けられ、給付期間（最大6カ月間・月50万ウォン）も上限が定められることとなった。

　社会保障制度の死角地帯にいる人々が多数派を占める韓国の現状のなかで、リペア戦略として社会保障制度を機能強化する改革が高いコストを要し、そこで財政的な制約から、以上のように政策効果が十分に期待できない改革がおこなわれることがしばしばある。そのため、社会保障制度の機能強化に比べて「ベーシックインカム導入のコストが相対的に低い」（ユン・ホンシク 2016、p.1005）とか、ベーシックインカムを導入することで「社会保険、社会手当、公的扶助など様々な制度運営に必要なコストが節約できる」（ウォン・ヨンヒ 2017、pp.144-145）とかといった見解が多くみられる。このような見解からすると、韓国では、社会保障機能強化というリペア戦略が、ベーシックインカム導入というチェンジ戦略に比べて、いわゆる「コスト優位」戦略とはなりにく

いと考えられる。

3）チェンジ戦略をとりやすい環境的条件がある

以上に加え第3に、韓国では、ベーシックインカムの導入というチェンジ戦略がとられやすい環境的な条件がある。すなわち、韓国の場合、日本を含む他の先進諸国に比べて従来の社会保障制度の給付水準が低いがゆえに、低い水準のベーシックインカムであっても、従来の制度とのコンフリクトが少なく、そのため受け入れられやすい環境にあるといえる。

従来の社会保障制度にとって代わる新しい政策としてベーシックインカムの導入を試みるさい、そのベーシックインカムの給付水準が、従来の社会保障制度のそれに比べて低いとなれば、強い抵抗に直面することになる。わかりやすい例を挙げてみると、日本で最近、竹中平蔵氏が「月7万円」のベーシックインカムの導入を主張した。その場合、当然ながら従来からある年金制度とのコンフリクトが生じる。つまり平均年金月額14万7000円（2017年、厚生年金保険（第1号））を考えると、それが7万円のベーシックインカムに代替されるとなれば、年金受給者にはとうてい受け入れられない。それに対して、韓国では現在、平均年金月額が39万ウォン（約3万5000円、2017年）であり、そのような状況では、たとえば、上記の李在明氏が提案する「月50万ウォン」のベーシックインカム導入が、年金受給者に歓迎されることは容易に想像できる。

年金だけではない。雇用保険をみても失業給付の給付水準が、他の先進国に比べて非常に低く、OECD平均の1／3程度の水準である（大統領直属政策企画委員会・関係部署合同 2018、p.19）。また最後のセーフティネットとされる基礎保障の生計給付は、一般的な相対的貧困率（中位所得の50％）よりはるかに低い中位所得30％以下が給付の基準となっている。これらは、従来の社会保障制度が、それにとって代わる新しい政策としてのベーシックインカムの導入に大きな妨げにならないことを意味する。

一般的に考えて、社会保障制度改革においては、すでに導入済みの制度に関してそれをめぐる利害関係や経路依存的制約があるため、チェンジ戦略よりリペア戦略がとられやすい⁽⁵⁾。しかしながら韓国の場合、以上のような社会保障制度の整備状況のなかで、チェンジ戦略としてのベーシックインカム導入のハー

ドルが相対的に低いのが現状であるといえる。

4. 政策論への示唆

　以上、ベーシックインカムが現実的な改革案として広がっている韓国の政策的文脈を浮き彫りにした。それと関連して、ベーシックインカムをめぐる北欧諸国の状況についての以下のような見解をみると、上でみてきた韓国の政策的文脈の特徴がより鮮明にあらわれる。

　　「ベーシックインカムは、無条件の家族手当や普遍的な年金などの拡大版であるといえるが、そのような制度は、北欧諸国の福祉国家ではすでに中核をなしているものである。……（そのため）スウェーデンやノルウェーにおけるベーシックインカム論は、散発的で空想的な議論となっている」（Standing ed. 2005、p.290）。

　　「スウェーデンとノルウェーにおいて、ベーシックインカムは社会的に重要なイシューではない。……失業扶助、早期退職年金、最低生活保障など多様な給付をおこなうことによって国家が国民の生活に全面的な責任をもつ。……現在、スウェーデンにとって重要なのは、ベーシックインカムの導入ではなく、社会保障制度から排除される人々が増えないように、従来の制度を再整備することである」（ホン・ヒジョン 2017、p.14）。

　たしかに韓国と違って、社会保障制度の整備水準が高い北欧諸国では、その改革の場面においてリペア戦略が優先される政策的文脈が読み取れる。もちろん、社会保障制度の整備水準が低いといって、韓国で実際にベーシックインカムが導入されるか否かは定かではない。しかしながら、上記のような北欧諸国と異なる政策的文脈のなかで、韓国におけるベーシックインカム導入論はけっして「散発的」でも「空想的」でもなく、「社会的に重要なイシュー」になっていることははっきりといえる。
　ここで指摘したいのは、これまでベーシックインカム導入論の展開において、

以上のような他の国と異なる韓国の政策的文脈が考慮されることがほとんどなかったことである。すべてのベーシックインカム導入論に当てはまるわけではないが、多くの場合、現に韓国の社会保障制度が抱えている問題を解決するためには「ベーシックインカムを導入すべきである」といった、ある種の規範論に近い見解が展開される。そこに、社会保障制度の機能強化を含めて他の政策的選択肢との比較、あるいは他の国との比較で、ベーシックインカム導入が優先される韓国の政策的文脈についての検討は見当たらない。

しかしながら、ベーシックインカム導入論を含めて社会保障制度改革をめぐる政策論は、それぞれの国がおかれている政策的文脈についての検討なしに展開できるものではない。政策的文脈についての検討をふまえた政策論こそ、その妥当性と客観性を科学的に検証できるものであって、そうでない限り、政策論を展開する人の恣意的あるいは抽象的な見解になってしまう[6]。「こうすべき」あるいは「こうあるべき」といった規範の域を超えた社会科学的な意味での政策論を展開するのであれば、上でみてきた韓国がおかれている政策的文脈についての具体的な現状分析が求められるであろう。本章ではその政策的文脈に対して仮説レベルでの問題提起をしたにすぎない。詳細な現状分析をふまえた本格的な政策論の展開が今後の重要な課題になるであろう。

5．これから深めていくべきテーマ／韓国の経験のもつ普遍的意味を考える

最後に、これまでみてきた韓国の政策的文脈がもつ普遍的な意味を指摘し、今後の社会科学的政策論の展開のための重要な論点を一つ提示したい。それは、韓国で、チェンジ戦略としてのベーシックインカム導入論が優先される政策的文脈が形成された要因と関わる論点である。

本章では、その政策的文脈を、①リペア戦略では解決しきれないほど、大半の人々が従来の社会保障制度にカバーされていない、②そのため、リペア戦略がチェンジ戦略に比べて「コスト優位」戦略とはなりにくい、③従来の社会保障制度の整備水準が低いがゆえに、チェンジ戦略をとるためのハードルが相対的に低い、という3つの側面から捉えた。

ここで指摘したいのは、社会保障制度改革がこのような政策的文脈におかれているのは、韓国が、日本を含む他の先進諸国に比べて遅れて社会保障制度の整備に乗り出した、いわば「後発福祉国家」（金 2008）であることと深く関わっていることである。先進諸国の場合、戦後の福祉国家化の過程で共通して「福祉国家の黄金時代」を享受した。その「福祉国家の黄金時代」にみられた社会保障制度の普遍的な拡大と大幅な拡充を、筆者は「社会保障制度のフォーディズム的拡大」（金 2019）と呼んでいる。

　それに対して韓国は、それら先進諸国に比べて半世紀以上遅れて、20 世紀末のポストフォーディズム時代に社会保障制度の整備に乗り出したがゆえに、先進諸国のような「福祉国家の黄金時代」も、そこにおける「社会保障制度のフォーディズム的拡大」も経験することができなかった。「社会保障制度のフォーディズム的拡大」ができず、足踏みする状況がつづくなか[7]、韓国では、社会保障制度改革をめぐる上記のような 3 つの側面からなる政策的文脈が形成され、それが先進諸国に比べてチェンジ戦略がとりやすい条件となったといえよう。

　これまで韓国は、「社会保障制度のフォーディズム的拡大」を経験していないことから、先進諸国に比べて「福祉後進国」といわれることが多かった。しかしながら、以上のようにみると、むしろ韓国は、先進諸国のような「社会保障制度のフォーディズム的拡大」を経験していないがゆえに、従来の社会保障制度にとってかわる新しい政策としてのベーシックインカム導入への挑戦がより現実的なものになったといえる。この意味において、韓国におけるベーシックインカム導入への挑戦は、先進諸国へのキャッチアップではなく、むしろ先進諸国で実現していない途を切り拓く「脱キャッチアップ」の過程、あるいは「飛び越え」の過程として捉えることができるのではないか。

　じつはこの点は、韓国に限ることではない。日本を除くアジアの多くの国・地域に広く共有する政策的文脈であると捉えてよい（金 2020c）。今後、韓国の政策的文脈のもつこのような普遍的意味を慎重に受け止めつつ、韓国を含むアジア諸国・地域を対象とした社会科学的政策論の展開を試みていきたい。

手にとって読んでほしい5冊の本

1. 宇野弘蔵（1954）『経済政策論（初版）』弘文堂

資本主義の歴史的な発展に対応する典型的な経済政策を解説している。経済政策だけでなく、社会保障や福祉分野における政策論のあり方を考えるうえで非常に示唆に富む。

2. 金教誠・白承浩・徐貞姫・李承潤（2021）『ベーシックインカムを実現する——問題意識から導入ステップ、運動論まで』白桃書房（木村幹監訳、李涎美）

韓国でベーシックインカム導入論をリードする研究者たちの成果の集大成である。日本においてベーシックインカムを議論するさいに必携書となる。

3. 佐々木隆治・志賀信夫編（2019）『ベーシックインカムを問いなおす——その現実と可能性』法律文化社

ベーシックインカムに関する従来の議論を批判的に捉えつつ、現時点で優先すべき政策アイディアについて論じている。世界主要国におけるベーシックインカムの政策実験の紹介にもぜひ目を通してもらいたい。

4. 原田泰（2015）『ベーシック・インカム——国家は貧困問題を解決できるか』中公新書

ベーシックインカムに関する基礎的な解説とともに、その必要性と実現可能性をわかりやすく説明している。

5. 宮本太郎（2021）『貧困・介護・育児の政治——ベーシックアセットの福祉国家へ』朝日新聞出版

ベーシックインカムを批判し、同時に、その対抗軸として生まれたベーシックサービスという考え方も批判的に捉えたうえで、ベーシックアセットという新しい政策ビジョンを打ち出している。

注

(1) 山森（2009、pp.21-23）の定義によれば、ベーシックインカムは「政府がすべての国民に対して最低限の生活を送るのに必要とされる額の現金を無条件で支給する制度」である。

(2) 2019年のデータでみると、非正規労働者の社会保険加入率は、年金で37.9%、医療保険で48.0%、雇用保険で44.4%である（韓国労働研究院 2019）。

(3) 現在の文在寅政権における社会保障制度改革の内容に関しては金（2021）を参照されたい。

(4) 2022年の大統領選挙に向けて李在明氏は「すべての国民に年100万ウォン、若年層には年200万ウォン」という公約を打ち出している。1人あたり月8000円〜1万6000円程度の非常に低い水準の基本所得である。ただし彼は段階的な増額を計画している。なお、給付の方式についていえば、地域貨幣の性格をもつ商品券・プリペイドカード・電子マネーで給付し、使用できる店舗（大手のスーパーやデパートなどは除外）や期間を定めることで、地域経済の活性化が試みられている。実際、コロナ禍で自治体や政府によって実施されている給付金が同様のかたちで実施され、地域住民の生活安定とともに地域経済への貢献が評価されている。

(5) 従来の制度をめぐる利害関係や経路依存的制約が強い社会においても、チェンジ戦略がとられる可能性があり、社会保障制度の歴史的展開においてそういった事実がみられることにも留意する必要がある。

(6) この点についての本格的な検討は金（2020b）を参照されたい。なお、政策論のあり方に関しては、宇野弘蔵の次の指摘が非常に示唆に富む。「現実の政策は、決して何等の客観的根拠もなくおこなわれるものではない。個々の政策には種々たる恣意的なるものもありうるのであるが、それは必ず他の諸政策によって補修せられるのであって、現実的な客観的根拠をはなれた抽象的目標をもってなされる学者の批評などによって是正せられるというようなものでは決してない」（宇野1954、p.1）。

(7) 先進諸国の歴史的経験に比べて、韓国で社会保障制度が大幅に拡充できず足踏みの状況が続いていることに関しては、金（2018）を参照されたい。

///

第7章

ソウル市青年ベーシックインカムの政策実験

崔榮駿（翻訳・李宣英）

///

グラフィック・イントロダクション

図表7－1　パラダイムの変化

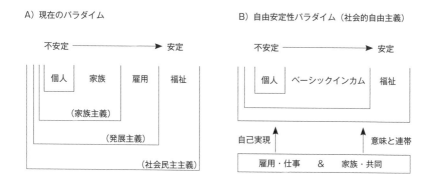

A）現在のパラダイム

B）自由安定性パラダイム（社会的自由主義）

　　現在のパラダイムは、個人の不安定性を克服するために、家族と雇用が主な役割を
果たす構造となっている。しかし、自由安定性パラダイムにおいては、ベーシックイ
ンカムと福祉が安定を確保する役割を果たしており、仕事と家族は、自己実現と意味、
連帯を実現するツールである。ベーシックインカムが自由安定性パラダイムを実現す
るツールとなりうるかについては、政策実験を通じて確認してみる必要がある。

1. 何が問題か／韓国社会の構造的な悪循環

　韓国はこの30年間、多くのことを成し遂げてきた。ろうそく集会を通じた
平和な政権交代の経験からもわかるように、政治的な側面において民主主義を
確立し、1人当たりのGDPは1988年の5000ドルから2018年には3万ドルを

図表7-2　企業規模別における賃金格差の国際比較

区分	韓国（2017）		アメリカ（2015）		日本（2017）		フランス（2015）	
	平均賃金	割合	平均賃金	割合	平均賃金	割合	平均賃金	割合
1～4人	1,990	32.6	3,731	78.8	2,697	65.7	3,083	58.8
5～9人	2,945	48.3	3,071	64.8	3,166	77.1	3,321	63.4
500人以上	6,097	100.0	4,736	100.0	4,104	100.0	5,238	100.0
全体	3,302	54.2	4,200	88.7	3,616	88.1	3,811	72.8

出所）ノ・ミンソン（2018）

達成するなど、経済も継続的に成長してきた（World Bank 2019）。

　しかし、現在、重要な問題は、過去30年間の韓国の発展に寄与した方式が現在と未来の発展にも有効なのかということである。特に、急速な経済成長を可能にした輸出主導型の経済構造は、さまざまな社会・経済的問題の原因として働いている。周知のように、輸出に主たる役割を果たす大企業と、それに垂直につながっている中小企業、そして生産性の落ちるサービス産業との間の生産性や賃金の格差がますます広がっている。安定的な内部労働市場が持続的に縮小し、雇用競争が加速化している。正規職と非正規職間の格差の増加や低賃金雇用の割合が高いことは、このような状況をよく示している。

　図表7-2のとおり、大企業の労働者に対する中小企業の労働者の平均賃金は、他国に比べて遥かに低い（ノ・ミンソン 2018）。約70％の国民が大学教育を受ける国において、雇用の大多数が中小企業で創出されるため、競争が激化するのは当然である。特に、福祉制度による公的移転が西欧諸国に比べて非常に低い状況で、個人は生計のために家族や労働市場に従属せざるを得なくなる。それを、私たちは「商品化」または「家族化」と表現する。地位競争での勝利と安定が一次的な目標になってしまった彼らにとって、自己実現や仕事を通じた幸せはまだまだ遠い話になってしまった。

2．社会的自由主義と自由安定性

（1）社会的自由主義

　筆者（崔榮駿 2018）は上のような状況の韓国社会にとっての今後の進路として「社会的自由主義」を提案した。それによると国家の役割は次のように説

明される。個人の自由と安定を国家と社会が保障する方式に進んでいくために国家の役割が存在する。企業や家族による保護ではなく、国が直接的に保護を提供するものの、できるだけ特定の行動を求めたり条件をつけたりして保護をおこなう方式は避ける。個人の自由を究極的な目標として目指すものの、国家によって与えられる安定を通じて目標がよりよく達成できることを意図する。これを通して、個人が自分の人生を追求することができるようにサポートする役割を果たすことを、社会的自由主義の核心として提示したのである。

　社会的自由主義において、福祉国家は重要な道具である。革新指向の自由は、より具体的には位階的で官僚化された権力からの自由で表現することができる。このような権力は、単に国家だけではない。市場や企業も、自分の雇用主もなりうる。また、家族がそのような対象になることもできる。そのため、福祉国家から個人が福祉を権利として受け、これを通じて脱商品化、脱家族化、力量増進が与えられることになり、このことは安定と自由の核心となる。Dewey（1991）が指摘するように、資本主義社会で不安定をもたらした諸条件は、もはや自然に発生せず、不安定が仕事と犠牲の動機ではなく絶望の動機になり、個人を無気力にさせる原因になっている。そのため、マクロ的には富の分配と権力の分配が公平におこなわれることにより個人に安全性を与え、個人が健康な相互作用をすることができる民主主義をつくる必要がある。

　社会的自由主義が実現された福祉国家で、福祉給付は雇用との連携を弱める給付体系が重要である。雇用との連携が強い社会保険給付は、脱商品化を高めるための商品化、すなわち雇用に依存しなければならない逆説に陥ることになる。脱商品化を高めながら階層化を強化させないためには、一つの普遍的で連帯的プログラムが、個人に適正な（decent）水準の給付とサービスを提供しなければならない。そのような脱商品化が、本人が受け入れられないことに対して"NO"といえるようにし、抑圧されたインフォーマルな環境から抜け出し、個人の尊厳を高めるような仕組みになると考えられる。現金給付のみならず、普遍的サービスも重要である。

　しかし、方式の転換が必要である。中央集権化された権力が多くの裁量と権限をもって企画し、これを地方自治体と供給者は単に執行し、監視を受ける現在の方式から脱しなければならない。そして個人は自分の人生に対して

より幅広く選択できるようにならなければならない。韓国の福祉国家においても官僚制は依然としてジレンマである。一方で官僚は過去の遺産の中で反福祉的であり、親資本的な性格をもっているが、このような官僚を増やさないということは、福祉国家をやめることに他ならないのである。このジレンマを解決するためには、福祉国家が、個人に対して最善のものを選択する方式ではなく、普遍的な範囲で生活の選択権を与える方式に再編される必要がある。

(2) 自由安定性モデル

　筆者は、社会的自由主義を具現化する現実の社会経済モデルとして「自由安定性モデル」を提案している。要約すると、北欧を中心に広がっている柔軟性（flexibility）と安全性（security）を結合した柔軟安定性モデルから一歩進んだ「自由安定性モデル」を韓国社会が新たに発展させてみようということである。自由安定性とは、労働市場の柔軟性の代わりに、個人の実質的な自由（freedom）と既存の安全性（security）を混合した概念（freecurity）である。Bauman が述べているように、自由と安定とは概念的に分離することができない関係にある（インディゴ研究所 2014）。柔軟安定性モデルにおいて、柔軟と安定という 2 つの概念は相殺関係にあるが、自由と安定はお互いを完成させる相補的関係といえる。Bauman は、自由のない安定は奴隷のような状態であり、安定のない自由は完全な混沌状態であるとして、2 つの概念が必要十分条件であることを明らかにしている。

　前述のとおり、柔軟安定性モデルは、有給労働に焦点を当てながら柔軟性における経済的効率性の観点を主な軸としている。これに対して自由安定性モデルは、個人の実質的自由に焦点をあてる。ここで、自由は従来の経済的自由主義はもちろん、政治的自由まで及ぶことになる。有給労働を超えて、介護のような無給労働を含めて自己実現を追求する仕事を選択し、さらにはそのような仕事ができる組織を選択する自由まで包括する。つまり、自分の関心（interest）と情熱（passion）を追いかけ、意味のある仕事をしたり追求したりする過程を「自由」と呼ぶことができる。その意味で、ここでの仕事は、ハンナ・アレントが提示した仕事や政治、そして社会活動を包括的に含む概念であ

るといえる（仲正昌樹 2017）。

　イ・ハンウ（2015）が述べているように、デジタル経済において仕事の形態が多様化しており、「生産的な仕事」という意味も変化しつつある。伝統的有給労働と多様な活動との区分が曖昧になると、現在の社会経済体制においても変化が求められてくる。20 世紀の産業時代に男性扶養者を扶養するためのモデルとして始まった福祉政策は、より多くの個人が自分の仕事と活動を創意的かつ革新的に、そして時には利他的におこなえるように支援する、新しい体系に変化する必要があるといえる。実質的な自由の実現に向け、国は個人の不確実性と不安定性を減らす新たな安定のメカニズムを提供しなければならない。自由安定性は、このような 2 つの概念の結合からなっている。

（3）手段としてのベーシックインカム

　自由安全性を具現する新しい社会経済体制は何であろうか。まず、現実において安定性を実現した理想型をみてみよう。おそらくもっとも近い事例は、1980 年代の中産大衆社会（middle mass society）を成功的に具現化した日本とスウェーデンを代表とする社会民主主義国家を挙げることができるだろう。

1）日本の発展主義モデル

　日本の発展主義モデルは、雇用体制の安定を通じて超中産社会の実現に成功している。国が、生産的な輸出主導型企業だけでなく、地域の建設業や農業のような保護的産業まで継続的に支援し、労働者を安定的に雇用できるように支援する役割を果たした（Steinmo 2010）。その結果、企業が生涯雇用を一つの雇用文化として採択できるようになり、安定した労働者は企業福祉とともに社会保険の恩恵まで受けられるようになった。1980 年まで日本における低い不平等および貧困は、福祉支出の水準が高いにもかかわらず不平等と貧困が増加した西欧とは異なる様子であった。Murakami（1996）は、1980 年代の日本の発展をみて、北欧よりも成功的な社会を構築したと述べた。つまり、西欧諸国のような事後介入ではなく、事前的な産業政策を通じて直接介入し、個人の生活の尊厳を損なうことなく、安定的な生活が実現できるようにしたのである。

　一次分配への直接介入を核とする日本の雇用体制は、大きな成果を生んできた。二重化（dualism）の程度が少なく、労働市場での競争が弱く、早期退職

などによる問題や高齢者貧困の話題が少ないのも、このような体制の結果物でもある。しかし、日本の超中産社会モデルが21世紀の韓国モデルになるにはさまざまな問題がある。

第1に、雇用保障を受けた「皆」は、男性稼ぎ主であった。ジェンダー不平等に基づき、女性は広範囲に排除されたモデルであった。第2に、当該モデルの内にある個人の自由は低い。安定は雇用と家族を通じて達成され、企業は恩顧主義（clientelism）の関係の中で共生する仕組みが作られることになる。第3に、韓国社会に比べて長所はあるが、依然として社会と国に対する低い信頼、高い政府債務と持続可能性の問題など、韓国が直面しうるさまざまな問題を日本ももっている。そのような点で、韓国の新しいモデルになることは難しい。

2）社会民主主義国家モデル

日本のモデルよりさらに有力な代案は、社会民主主義福祉体制あるいは社会民主主義資本主義（Lane 2019）である。社会民主主義国家は、柔軟安全性をモデルに具現しただけでなく、幸福度、社会的信頼、貧困と不平等、雇用に対する献身性、ジェンダー平等、革新性などさまざまな指標で自由安全性が追求する目標にもっとも近い社会を作り出した（崔榮駿 2018）。

実際に、Steinmo（2010）はスウェーデン国家の形成を説明し、個人に対して非常に社会的であると同時に国家と企業は自由な姿をもった社会的自由（social liberal）の形態であると述べている。生き方においても、Anu Partanen（2018）も指摘したように、幼い頃から独立した個人の生き方をすることを当然とする社会であると同時に、Rothstein（2010）の観察のように、多くの人々が自発的に助け合い、共に共同体を作って生きていく社会をつくるのである。これを、Rothstein（2010）は組織化された個人主義あるいは連帯化された（solidaristic）個人主義と称したことがある。実際、もっとも個人主義化された国家ではあるが、社会、国家、そして他人に対する信頼水準はもっとも高い水準である。

社会民主主義国家は、どのように自由安全性をほぼ達成することに成功したのだろうか。それは、前述した自由安定性の核心的目標である脱商品化と脱家族化の水準を、公的介入を通じて最大限高め、一方で普遍的で平等化された租税および福祉制度を通じて位階的階層化を最小化したためである。同時に、普

遍的で多様な教育機会と訓練の提供などが熟練と革新を支えることができた（Miettinen 2013）。経済的側面についても *Economist*（02/02/2013）において「次のスーパーモデル（The Next Supermodel）」として紹介されたことがあり、革新の側面においてもっとも進んでいる。変化の時期においても、社会民主主義がもっているさまざまな政策手段は依然として有効であることが立証されている（Lane 2019）。

　もしそうならば、社会民主主義国家が他国の代案になりうるだろうか。筆者は、可能性に対する希望と懸念を同時にもっている。懸念されることは、以下のとおりである。

　第1に、社会民主主義国家の成功は、包容的労働市場と安定的な福祉政治によって推進されたという点である。特に、相対的に強い労働組合の役割と革新政党が、強力な再分配政治をおこなうことができるようにした。

　第2に、北欧諸国においても労働市場の二重化とともに、社会保険よりは失業扶助のように公的扶助に頼る人々が増加している。社会投資を活発におこなっている北欧諸国は依然として OECD 国家に比べて長期失業率が低い水準であるが、フィンランドのベーシックインカム実験からもわかるように、長期失業者問題を解決するために彼らも新たな代案を模索している。

　第3に、すでに多様な研究において指摘されているように、第4次産業革命とともに雇用の形態と仕事の形態が多様化しており、今後ますますそうなることが予想されている。伝統的な特殊雇用に加え、ウーバーのような呼び出し型プラットフォーム労働者、そしてアマゾン・メカニカルターク（Amazon Mechanical Turk）のようなクラウドワーク型プラットフォーム労働者も増加すると予測される（崔榮駿、チェ・ジョンウン、ユ・ジョンミン、2018）。欧州諸国も、このような雇用形態への答えをなかなか見出せずにいる。

3）ベーシックインカム体制

　ベーシックインカムは、もっと簡単で明瞭である。皆に条件を問わず、生活を安定させることができる十分な給付を提供することである。このような条件を充足するベーシックインカムは、自由安定性の観点からはもっとも理想的である。まず、みんなに安全性を十分提供しているためである。安定性を個人に与えることになれば、ベーシックインカム擁護者たちが主張するように、個人

は実質的自由を享受する可能性が高くなる。有給労働だけでなく、多様な仕事を選択する権利が与えられるのであり、脱商品化と脱家族化の観点からも個人の自由は高まる。柔軟安定性と異なり、雇用主だけでなく、皆に柔軟性を提供し、ジェンダー平等的な性格ももっている。

　ベーシックインカムは、一つの制度として理解するよりは、発展国家や福祉国家のように一つの新しいパラダイムであり、国家モデルとして理解する方が妥当である。すでに多くの研究で述べているように、ベーシックインカムは単なる福祉政策を超えて、働く人々にも提供するという側面から雇用労働政策の側面があり、財源レベルからみれば租税政策の革新的変化を求めることでもある（Standing 2017）。さらには、政治的地形を根本的に変化させる可能性もある。生産体制、福祉体制、そして政治体制の根本的な変化をもたらしうるという点で、ベーシックインカムは新しいパラダイムという観点からみた方が妥当であろう。また、ベーシックインカムが社会経済モデルであれば、さまざまな形のベーシックインカム体制が現れうるだろう。実際、ベーシックインカムについての議論はその初めから現在まで右派によって主張されてきたこともあるし、左派の立場で主張されてきたこともある。ベーシックインカムは、福祉国家と衝突関係にある側面もあり、相補性をもった関係にもなりうる。筆者が考えるベーシックインカム体制は、福祉国家と共存するモデルである。

　韓国の事例を前述したように、一部の国と一部の中産層以上を除けば、依然として家族と雇用が自己実現と連帯の手段としてより、安定の手段として活用される場合が多い。それに比べて、自由安定性パラダイム社会では、個人に安全性が与えられると、雇用や仕事を自らの実現手段にし、家族は人生の意味を探し、連帯や絆を体験する手段になる。すでに社会民主主義社会では、多くの人々が雇用と家族が安定を確保する手段を超え、自己実現や連帯や人生の意味を探す手段として活用したりもする。そのような側面で、結果としての姿は似ているが、雇用後の介入ではなく、雇用プロセスへの介入という側面において、社会民主主義パラダイムとベーシックインカムのパラダイムは明らかに異なる（図表7－1、本書 p.117 を参照のこと）。

4）熟議と実験の必要性

　しかし、このような理想型に近いベーシックインカム体制が、一瞬の政治的

選択で突然到来するとは期待し難い。到来したとしても「理想のタイプ」が直ちに導入されるとは期待しにくい。また、ベーシックインカムは実際に検証を受けていないという側面からは、自由安全性を実現する有効な代案なのかについての経験的質問が残っている。新しい社会経済体制に対する社会的合意や前述した増税や既存制度の再構造化などのために社会的かつ政治的熟議が重要である。それと同時に、ベーシックインカムに対するさまざまな懸念を解消し、自由安定性を実現する代案であることを検証するため、私たちは熟議とともに実験を提案したい。民主的ガバナンスと「エビデンスに基づく政策」は、2つの重要な軸を形成する（崔榮駿、ジョン・ミソン 2017）。民主的ガバナンスの核心的ツールは、熟議のプロセスである。私たちが当面する問題について共に議論し、ディスカッションをおこない、どのような代案が望ましいかについての社会的学習や議論が必要であろう。それとともに実証的な証拠がなければ、仮定に基づく熟議以上の発展は難しいであろう。そのため、政策実験が必要である。科学的によく準備された政策実験は、ベーシックインカムへの道をどのようにスタートし、さらに前進するために、どのような議論と研究を進めるべきかを示してくれるであろう。

3．青年ベーシックインカム政策実験の必要性

（1）なぜ若者なのか？

　以上のような問題意識をベースに、本章では社会手当の一種であり、部分的ベーシックインカムとして「青年ベーシックインカム」を提案し、それに関する実験を実施してみたい。既存の制度の原型を維持しながら若者にベーシックインカムを支給することによって、どのような変化が起こるのかを検証することである。すでに基礎年金が施行され、拡大中であり、児童手当も普遍的な形で導入されている。これらの制度もベーシックインカムの性格をもっているが、この2つの手当は、依然として非経済活動人口に提供される給付という側面から、既存の福祉国家のパラダイムの中に位置づけることができる。それに比べて、青年ベーシックインカムは就労可能な年齢代の人口層に普遍的な手当を支給するという側面から、児童手当や基礎年金より、一層ベーシックインカムに

近い類型であるといえる。それでは、なぜ就労可能年齢層の中で若者に対して部分的なベーシックインカムの実験を始めるのが適切なのか？

　青年期は、子どもと高齢者を除けば、もっとも不安定な時期である。キム・ムンギルほか（2017）の研究によると、若者の中位所得が50％未満の貧困率は7％を超えており、このような数値は30代前半になると3.4％に下がる。しかし、このような数値は多くの貧困な若者が脱家族をすることができずに親と同居し、彼らの経済的状況がみえなくなっている側面がある。実際、独立した若者1人世帯の場合、貧困率が21％を超え、両親と同居する場合は3.5％にとどまっている。また、ソウルサーベイ都市政策指標の調査結果をみると、20代前半の約65％が「親から経済的支援をとても頻繁に受けている」と回答している。20代後半においても30％を超え、「たまに受けている」と回答した人も33％である。自由安定性の観点から家族からの経済的な独立が重要であると判断すれば、そして親から独立しようとする若者たちが増加する傾向を考慮すると、若者貧困に関するイシューは潜在的領域まで併せて考える必要がある。反対に若者が安定を獲得して独立すれば、彼らの親世代である50〜60代にも経済的恩恵が与えられる。

　同時に若者世代は、現在の福祉制度の死角地帯におかれている。韓国財政パネル10次資料を分析した結果、雇用保険加入率は20代前半が13％、20代後半が40％程度であった。失業手当の受給経験のある割合は、全国で1.5％に過ぎなかった。すなわち、20代は自分の職業と未来を探索する時期であるが、家族に依存しなければ経済的安定が保障されないため、十分な探索が不可能である。このような若者の不安定性は、韓国社会の経済的持続可能性と社会的持続可能性を損なっている。若者は自分の個人的なキャリアにおいてもっとも重要な時期であり、同時に革新経済においてもっとも重要な位置を占めている（Bell et al. 2017、グ・ギョジュンほか 2018）。若者の企業家精神と革新活動は、大企業中心の輸出主導経済を変化させる上で重要であり、同時にほとんどの雇用が低い生産性をもつ中小企業に集中している韓国経済においても、より重要性をもつ。良い革新的な雇用主が現われなければ、より良い雇用も生まれない。

　それでは、このように重要な革新と創業について、韓国の現実はどうだろ

うか？　まず、20年ほど休まず勉強し、最高の人的資本をもっている人々は、雇用を通じた安定を得ようとする競争に没頭しているといえる。2017年の統計庁の社会調査によると、13〜29歳まで青少年・若者の希望の就職先は国家機関や公企業であった。特に、大学生以上が好む職場は、公企業と国家機関が1〜2位を占め、約50％がそれに答えており、次いで大企業が15％程度であった。中学生や高校生らも同様に、公的機関で働きたいという割合がもっとも高い。起業したいという若者は約3％に過ぎない。世界60カ国を対象におこなわれた創業関連の比較研究 Global Entrepreneurship Research Association（2017）によると、韓国の若年創業率は調査対象60カ国中で59位（18歳〜24歳）と58位（25歳〜34歳）と最下位にとどまっていることが明らかになった（グ・ギョジュンほか2018）。

　また、LAB2050が2018年10月に実施したアンケート調査の結果、「私は創意工夫的である」という質問に同意する割合が20代でもっとも低かった。4点満点で60代が2.7であることに比べ、20代が2.5程度でありもっとも低かった。認識上の質問であるため、実際の創意性を示すものではないが、懸念される側面がある。同調査において「創意性を発揮する上でもっとも妨げになる要素」を尋ねた結果、20代の場合、26.8％が「失敗に対する恐怖」を挙げ、全年齢のうち圧倒的に高い割合を示しており（全体平均19.1％）、これは該当年齢からの「経済的余力」（24.7％）と答えた割合よりも高い水準である。革新と創業は「失敗の墓」の上に生産されるものであることを鑑みれば、このような失敗に対する恐れは、経済的余力の不足とともに若者にとって革新の障壁となっている。そのような意味でも新たな安定性ツールの必要性を提起することができる。

　不安定な暮らしは、経済的持続可能性だけでなく、社会的持続可能性においても問題になる。一つの証拠はジェンダー不平等である。20代男性のうち65％は「男性が差別を受けている」と答えており、女性は90％以上において「女性が差別を受けている」と回答している。このようなジェンダー問題は、社会的資本を広げて協業をする文化を作り出せず、非連帯的かつ孤立的個人主義に歪曲されて現れている。もう一つの証拠は、家族形成と社会的再生産に関することである。安定性が与えられず、ジェンダー問題が激しい状況下で、恋

愛と結婚、そして出産を予定することは容易ではない課題になってきている。LAB2050のアンケートによると、「N放世代[1]」と呼ばれる若者も、少子化が解決すべき社会問題であるということについては70％以上が同意している（崔榮駿、チェ・ジョンウンほか 2018）。しかし、少子化が社会問題だと回答した298人のうち、政府が出産を強要していると回答した人が239人であり80％を超えており、回答者全体の中で約60％は、少子化が社会問題であると同時に、政府が出産を強要していると答えた。同調査において、20代前半と後半ともに「結婚はしなければならない」や「子どもはいなければならない」という質問に対して60％以上は否定的であり、特に20代後半において否定的回答がやや高くなっている。さらに、女性の中で否定的に答えている割合は70％を超えている。以上から、今後も少子化問題が解決されず続く可能性が高いことが推測される。

　以上のことが少子高齢化問題に積極的に対応し、革新的な社会経済体制を構築しようとする大韓民国の姿である。若者は、今後の30〜40年を左右する階層である。しかし前述のように、若者たちは失敗に対する恐れに直面し、安定に向けた渇望、そして従属的な環境の雇用におかれている。加えて、ジェンダー問題など、社会連帯意識や社会統合に対して肯定的な態度をもっているとは考えにくく、同時に不安定性が家族形成や子どもをもつことに対して否定的な態度をもたせている。これを解決するための第一歩として、本章では、若者に直接的な安定性を提供し、安定が彼らに如何に自由を与えるのか、また彼らに与えられた自由安定性が彼らの仕事や社会的関係にどのような影響を及ぼすのかについて検討してみたい。

（2）なぜ政策実験なのか？

　筆者は、青年ベーシックインカムの全面的な施行を主張するのではなく、青年ベーシックインカムの実験を提案したい。

　第1に、青年ベーシックインカムが全面的に施行されるためには、より確実で精密な証拠が必要である。多くの費用がかかる全国単位の政策を直ちに実行することは、葛藤と政治的問題を増幅させる恐れがある。したがって、まず小さな単位での実験を通じて政策の効果に対するデータを蓄積し、それを土台に

反対の声を説得する必要がある。第2に、効果が立証されたとしても、導入初期には予算の制約で部分的かつ制限的な導入になる可能性が高い。実験による証拠は、青年ベーシックインカムをどのように導入し、どのように拡大させていくのかについての糸口を提供する。これは、政治的合意を得ると同時に、問題の発生と費用の浪費を最小限にすることができる案になりうる。第3に、実験の結果は、社会的合意を引き出しながら社会的熟議を作り出すことができる。実際に、青年ベーシックインカム実験の話がマスコミを通じて報道された時、さまざまな議論と熟議がおこなわれた。最後に、既存の社会経済体制の代案として、全面的なベーシックインカムが今後議論される際に、導入案やロードマップに対するさまざまな証拠やアイデアが、この実験を通じて得られることができると期待される。

　政策が実行されて現れる「本当の効果」を明らかにするためには、研究設計（research design）が必要であり、実験設計（true-experimental design）は、因果関係を推定する政策分析・評価において、他の研究方法に比べて政策証拠としての価値が圧倒的に高い結果を導き出せる。実験設計の特徴は、実験対象単位（人、地域など）を無作為に振り分け（randomization）、「実験グループ（the treatment group）」と「コントロールグループ（the control group）」に分け、政策・プログラムを実験グループにのみ執行し、2つのグループで現れる結果の相違に基づいて、プログラム効果を推測することである。もし、無作為割り当てが十分なサンプル数を対象として正しく実行されたなら、効果（従属変数の変化）に影響を与えそうな特徴が、（測定するかどうかにかかわらず）2つのグループの間で同じであるとみなすことができる。無作為に割り当てられたコントロールグループがあるため、「仮に実験グループに政策を執行していなかったら、結果はどうだったのか」ということについてアイデアを提供し、それにより政策効果を推定することができる。

　実験を通じて私たちは政策目標や社会的結果を直接測定（direct measurement）し、政策の効果を評価することができる。対象者に政策の満足度を聞く間接的方式（indirect measurement）も全般的な政策評価に重要な一側面であるが、政策の影響をより完全にかつ総合的に理解するためには、政策目標の達成を直接測定することが必須である（DeLong Hamilton et al. 2011）。

4．実験モデルおよびその根拠

(1) モデル紹介
　本研究が提案する実験モデルは、対象者無作為選定（random sampling）、コントロールグループと実験グループの無作為配置（randomization）による実験設計（true-experimental design）によるものである。ソウル市に居住している満 19 〜 29 歳の 2400 人を対象に、1 人当たり月 50 万ウォンの定額手当を支給することにより（実験グループ 1）、ベーシックインカムが若者の仕事と生活に及ぼす影響を分析する。図表 7 − 3 は、本研究で示す実験モデルを要約したものである。
　実験モデルの詳細についてみると次のとおりである。まず、コントロールグループは何の福祉給付も受けることができない、現在の若者層が直面している現実を代弁する。現在の若者は、事実上、福祉の死角地帯に放置されている。年齢を基準にすると、韓国の福祉体系の主な関心は高齢者と児童に向けられており、したがって若者層は現行の福祉給付体系の下で、ほとんどの福祉制度から疎外されている。つまり、コントロールグループは、現行の福祉給付体系が適用されるグループと解釈することができる。
　次に、実験グループはベーシックインカム型と補足給付型の 2 つの形式を設定している。この 2 つの実験グループは、同じく最低所得は保障されるが、異なる方式をとっており、ベーシックインカムが支給された時の効果を比較することができる。まず、実験グループ 1 は、本研究が提案する青年ベーシックイ

図表 7 − 3　実験デザイン

提案モデル	手当支給方式	サンプル数	年間必要予算
コントロールグループ	手当の支給なし	職業なし：400 名 職業あり：400 名	0 ウォン
実験グループ 1 （ベーシックインカム型）	50 万ウォン（定額）の基本手当を毎月支給	職業なし：400 名 職業あり：400 名	800 名 × 12 カ月 × 50 万ウォン = 48 億ウォン
実験グループ 2 （補足給付型）	最大 50 万ウォン（変額）で勤労所得の発生時は、その 100％を減額して毎月支給	職業なし：400 名 職業あり：400 名	最大 48 億ウォン（勤労所得者の規模によって年間必要予算が変わる）

ンカムの核心をなすものであり、職業の有無、所得水準などと関係なく、50万ウォンの定額が毎月支給されるグループを意味する。これとは異なり、実験グループ2は、これまでソウル市青年手当がとってきた方式、あるいは現在の韓国の基本的な福祉給付の支給方式に近いものであり、補足給付型で手当が支給されるグループを意味する。つまり、手当を受け取る若者に勤労所得が発生する場合、所得の100％を基本手当から減額した額を毎月支給することである。

　このような実験モデルは、実験グループ1と統制グループ、そして実験グループ2と統制グループという2回の比較を可能にする。すなわち、青年手当が存在しない現在の状況と2つの形態の青年手当が支給される状況を比較できるようにするということである。同時に、このモデルは実験グループ1と実験グループ2との比較を通じて、ベーシックインカム型青年手当と補足給付型青年手当との違いを確認することもできる。どちらの場合も50万ウォンを最低所得として保障するが、保障する方式には違いがある。この実験モデルは、最低所得の保障方法による違いが果たして勤労意欲と労働供給、QOL等において差を作り出すことができるかについて確認できるようにデザインされた。

（2）無条件性（就業者を含む）

　本研究が提案する青年手当は、従来とは異なり、未就業者だけでなく、就業者まで実験グループに含めるという特徴をもつ。特に、従来の青年手当に対して提起されてきた問題を補完して、活動計画書の提出を要求しないなど、勤労意欲と関係なく参加者を無作為に選定しているが、このような特徴を無条件性という。サンプルの選定と関連したこのような特徴は、実験結果の解析において、選択的バイアス（selection bias）による影響の可能性を最小限に抑えることができる長所をもつ。

　また、参加者の選定過程においても、未就業期間に加点を割り当てるなど点数を通じた参加者選定方式ではなく、申請者の中で年齢および学歴別にソウル市母集団の大きさに比例して標本サイズを決定した後、その中から無作為に標本を抽出する比例層化抽出法（Proportional Stratified Sampling）を用いることにより、一つの年代でも特定の学歴の若者たちが過大代表される問題を防止しようとした。

（3）十分性（50万ウォン）

　私たちが提案する青年手当の額は、毎月50万ウォンである。これは1人世帯の最低生活給付の基準に基づいて策定されたものである。多くの研究において、ベーシックインカムの「十分性」を判断する基準として、通常、最低生活費あるいは中位所得の50％水準が担保されるかを基準とする場合が多い（Van Parijs & Vanderborght 2017）。このような基準からみて、韓国の1人当たりの最低生活費の水準である50万ウォンを青年手当の金額として設定したのである。

　既存のソウル市青年手当の受給者を対象としておこなった調査の結果、男性の場合56.9％が50万ウォンの支給が適切であると答え、女性の場合は70.3％が50万ウォンの受給額が青年手当として適切であると答えた。また、韓国雇用情報院（2017）の「若者生活の質に関する実態調査」の結果、大学生の場合、月平均小遣いは32万ウォン、月平均支出額は60万ウォンであり、就職活動をおこなっている場合であっても月平均小遣いは28万ウォン、月平均支出額は65万ウォンであることが明らかになった。特に、50％以上の者が、小遣いと支出額との間に不足する費用を、アルバイトを通じてまかなっていると答えた。したがって、平均小遣いと平均支出額の間の50万ウォンを支給する場合、若者がアルバイトに費やす時間を減らし、やりたいことができる時間を増やせるという本実験の仮説を検証することができる適正な額である。

5．実験目標と評価

（1）より良い仕事 & より良い生活（Better Work & Better Life）

　本研究の始まりは、「果たして韓国の若者たちは、どれだけ自分の価値と合致する意味のある人生を送っているのか？」という質問から始まった。逆に考えてみると、このような質問の前提は、現在の若者たちが仕事と生活において満足度が低く、幸せではないということであり、青年手当を通じて彼らに、より安定的な生活の基盤をつくってあげれば、若者たちは意味のある幸せな人生を送ることができるという推測である。つまり、青年手当は、若者たちに生活

図表 7 − 4　実験のフレームワーク

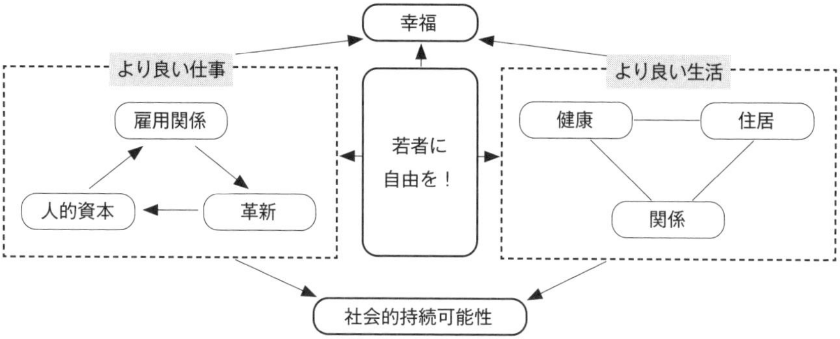

の安定性を与えるとともに、人生においてより自由な選択を可能にし、その結果、彼らがやりたい仕事をみつけるようになるということである。それにより、若者たちが健康で安定した、幸せな生活を送ることができるようになる。また、青年手当を通じて与えられる自由と安定は、社会構成員の相互間の信頼度と国に対する信頼度を高めることができる。結局、青年手当が目標とするのは個人の幸せと社会的持続可能性を高めることにある。青年手当の政策実験におけるこのような目標と全体的なフレームワークは図表 7 − 4 に示すとおりである。

（2）評価の目的と体系

　実験評価の目的は、青年手当の政策効果を測定することにより、青年手当の導入時に予想される副作用を事前に点検し、既存の福祉体系との相互作用を点検して、今後の青年手当の全面的導入のための基礎資料として活用することにある。政策効果を評価するための実験は、基本的に以下のような pretest-posttest control group デザインに従う。

　実験グループ：O1　X　O2　（O：測定、X：政策変数）
　統制グループ：O1'　　　O2'

　この際、政策変数である X の効果は（O2-O1）-（O2'-O1'）で測定可能である。標本の無作為抽出が適切におこなわれた場合、実験グループと統制グルー

プともに、政策変数以外に、内的妥当性を阻害するほとんどの第3の変数の効果を共通的に含んでいることになる。こうなると、実験グループと統制グループともに第3の変数の効果が出る可能性が等しいため、それらの変数の効果を除くことができる。また、政策変数「X」は、実験グループにのみ含まれているため、(O2-O1) - (O2'-O1') を通じて第3の変数の効果が除去された政策変数の純粋な効果を推論することが可能となるのである。

　そのため、先に実験手順およびガバナンス項目で論じたとおり、計3回のパネル調査を実施する。1次調査は、青年手当の実験実施前におこない、また2次調査は、青年手当実施後、1年が過ぎた時点でおこなう。そして、3次調査は青年手当実験を終えた2年後の時点でおこなう。したがって、基本設計実験の評価は、以下のような構造で実施する。

　　実験グループ2：O1　X1　O2　X1　O3　　ベーシックインカム型
　　実験グループ1：O1　X2　O2　X2　O3　　補足給付型
　　統制グループ　：O1'　　　O2'　　　O3'　　若者への支援なし

　「X1」は、月50万ウォンのベーシックインカム型青年手当支援（勤労所得と無関係な定額給付）を意味し、「X2」は、月50万ウォンの補足給付型青年手当支援（勤労所得による変動給付）を意味する。前述のとおり「統制グループ vs 実験グループ1」は、ベーシックインカム方式の新しい若者支援制度の効果を分析することを目的とし、「統制グループ vs 実験グループ2」は、補足給付を基本とする現行の福祉体制方式の青年支援制度の効果を分析することを目的とする。そして、「実験グループ1 vs 実験グループ2」は、ベーシックインカムと補足給付の2種類の支給方式の違いを分析することに着目する。一方、示された政策の効果が短期間に現れにくいことを鑑みて、次のように時期を分けて評価することもできる。

　　1年目効果：(O2-O1) - (O2'-O1')
　　2年目効果：(O3-O2) - (O3'-O2')
　　2年間累積効果：(O3-O1) - (O3'-O1')

6．これから深めていくべきテーマ／エビデンスに基づく政策 をどう進めるか

本政策実験は、2018 年からソウル市長の意志とともに、ソウル市と民間シンクタンクの LAB2050、そしてソウル研究院が共同で推進してきたものである。具体的な設計がなされ、本格的な公論化が 2019 年初めに始まった。しかし、結果的には開始されなかった。

肯定的な反応も多かったが、マスコミを通じて青年手当実験が発表された時、実験ではなく施行と勘違いされたケースがかなり多く、ソウル市に関連した苦情の問い合わせが急増したことがあった。これは、まだ政策実験文化に不慣れな韓国の姿でもある。手当は「貧しい人に」という認識を超えることも容易ではなかった。なぜ健康な若者に手当を与えるのかに対する批判が多かった。80％以上がうつ病を経験し、人生の不安定さを経験する若者に対する理解がまだ社会的に高くない。実験の結果が悪ければ税金の浪費ではないかという批判も重要な役割を果たしたのである。

その後、ソウル市瑞草区でチョ・ウンヒ区庁長が類似の実験を実施しようとしたが、まだ施行されておらず、京畿道では農村ベーシックインカム実験をもって、現在、中央政府と議論中である。

ベーシックインカムのみならず、社会投資や社会サービス領域で政策実験の必要な部分が多い。依然として、「エビデンスに基づく政策」（evidence-based policy）よりは「意見／イデオロギーに基づく政策」（opinion/ideology-based policy）が優位を占めている現実が残念である。

注
(1) 2015 年の新造語であり、厳しい社会的状況によって就職や結婚などさまざまなことをあきらめなければならない世代を意味する言葉。社会・経済的な圧迫により恋愛・結婚・住宅購入など多くのことを放棄した世代を指す用語で、放棄したものが多すぎて数え切れないという意味をもっている。既存の 3 放世代（恋愛、結婚、出産放棄）、5 放世代（3 放世代＋マイホーム購入、人間関係）、7 放世代（5 放世代＋夢、希望）からさらに進んで、あきらめなければならないことの数が決まらず、さまざまなことをあきらめなければならない世代という意味である（李宣英）。

【2】 中国における格差問題と政策的対応 解題

　現在、中国は世界第２位の経済規模を有し、１０年以内にアメリカを抜き世界一の経済大国になるとも予想されている。しかし、中国は経済大国であると同時に、格差大国でもある。所得格差の度合いを表すジニ係数は、国家統計局の正式発表においても、２０１９年現在０.４６５で、社会不安を引き起こす警戒ラインの０.４を軽く超えている。また、クレディ・スイスのグローバル・ウェルス・レポート２０２１によると、中国ではもっとも富裕な１％の人々の国全体の富に対する占有率は２０００年の２０.９％から２０２０年の３０.６％に上昇し、過去２０年間の上昇幅は日米欧やインド、ロシア、ブラジルよりも大きい。

　格差問題への処方箋として、高度成長がまだ続いていた胡錦濤政権期では、「和諧社会（調和の取れた社会）」のスローガンが掲げられ、全国民を対象とする社会保障制度体系が構築された。それに対して、高度成長が終わってから発足した習近平政権は、「小康社会（ややゆとりのある社会）」のスローガンを掲げ、特に社会の最下層にいる人々のボトムアップに重点を置き、絶対的貧困の撲滅に注力した。

　それが２０１４年から全国で実施された「精準扶貧」（Precision Poverty Alleviation）である。「精準扶貧」は従来の開発的貧困対策をさらに強化するプロジェクトで、最低生活保障制度と並んで、中国の貧困政策の両輪となった。「精準扶貧」は国家統計局が公表した中国農村貧困ラインを、最低生活保障制度は各地方政府が定めた都市・農村の最低生活保障ラインを基準としている。

　ただし、開発方式で貧困から離脱できない人は結局最低生活保障制度の受給対象となるため、貧困人口にとって最後の砦はやはり最低生活保障制度である。また、絶対的貧困の撲滅が宣言された後、最低生活保障制度の役割転換が予想される。第８章は今度の制度の方向性を視野に入れて、これまでの実施効果の総点検を試みた。

　そして、新型コロナウイルス感染症によって、格差拡大にさらに拍車がかかった状況下で、習近平は政権の３期目を見据えて、新たに「共同富裕（ともに豊かになる）」を次期の目標として掲げた。２０２１年８月に開催された中国共産党中央財経委員会で、習近平は「共同富裕は社会主義の本質的な要求だ」と発言し、社会の富をより公正に行き渡らせるために、格差是正に本腰を入れることを表明した。そこで注目を集めたのは、会議で言及された「第３次分配」という考え方である。

従来の市場メカニズムによる「第1次分配」、税や社会保障などの政府権力による「第2次分配」のほかに、個人や団体が自発的な寄付などを「第3次分配」とした。通常1次分配で生じた格差は、税や社会保障などの再分配によって是正されるが、中国では、間接税が中心で、また社会保障（特に農村）の水準が低いことから、第2次分配は格差を縮小するどころか、拡大してしまったと逆機能しているのが現状である（汪・娄2017）。「第3次分配」はいわば「福祉国家的」ではなく、「中国的」なやり方に当たるのであろう。第9章はまさにこの流れを敏感に捉え、タイムリーに分析したものである。

（朱珉）

第 8 章

中国の貧困政策に対するセオリー評価

文献レビューからみる政策の課題

朱珉

グラフィック・イントロダクション

図表 8 - 1

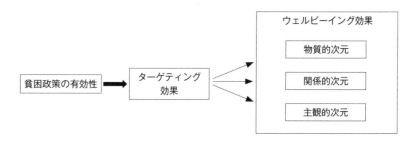

1. 何が問題か／貧困政策に対する体系的評価

　2020 年は、中国にとって一つの時代の区切りであった。2021 年 7 月 1 日、習近平は北京天安門広場でおこなわれた党創建 100 周年の祝賀式典において演説し、「小康社会（ややゆとりのある社会）」を全面的に実現し、絶対的貧困を撲滅したと世界に向けて宣言した。具体的なデータで確認してみると、農村の貧困人口は、習近平政権発足当時（2012 年）の 9899 万人から 2019 年の 551 万人に減少し、貧困率も 10.2％から 0.6％へと急速に低下し、貧困政策の成果は確かなものである。一方、中国の貧困ラインの基準が低いこと（2020 年約 4000 元／年）や「小康社会」達成のため、貧困撲滅活動の全国動員という政治的キャンペーンの色が濃厚であることが問題視されていることも事実である。
　いずれにしても、絶対的貧困の撲滅は中国における貧困政策の一つの到達点

を意味すると同時に、新たなスタートラインに立ったことをも意味する。中国国内では、すでに貧困削減の次の段階である「相対的貧困」に向けて議論がおこなわれている。2019年10月31日に開催された中国共産党第19回中央委員会第4次会議では、「相対的貧困を解決できる持続的なシステムを構築する」ことが提起され、貧困政策の戦略転換が表明された。このような転換期において、これまでの貧困政策の効果を総合的に検証することが、今後の政策展開にとって重要な意味をもつ。

　中国における貧困政策の中核は最低生活保障制度（以下では「低保制度」と略す）である。2014年に、民政部と財政部が連名で「最低生活保障の実績評価弁法」を公布し、低保制度の実施、管理運営および資金の効率性から地方政府の施策レベルに対して、評価指標体系を提示した。しかし、これはあくまでも政府部門内での業績測定の一種で、政策の目標と手段の妥当性を検討する深堀型の評価ではない。近年、「相対的貧困」を視野に入れた議論がホットイシューとなり、低保制度の実施効果に関する実証研究が増えているが、個々の研究の着目点が異なり、一定の枠組みに基づき体系的に制度を評価するまでは至っていない。

　本章は中国の低保制度の実施効果を生活およびウェルビーイングの3次元モデルという枠組みに基づき体系的に検証し、貧困削減のための制度設計の妥当性を検討する、いわゆるセオリー評価をおこなうことを目的とする。以下では、まず評価指標を選定するための理論的な枠組みを提示し、次に既存文献を用いて3次元における効果をそれぞれ検証し、最後に今後の課題を指摘する。

2．生活およびウェルビーイングの3次元モデル

　本節では、日本の生活構造論における生活の3次元モデルおよび国際的なウェルビーイング研究におけるウェルビーイングの3次元モデルを用いて評価体系を具体化するための理論的な枠組みを検討し、評価指標の選定をおこなう。

(1) 生活の3次元モデル
　すでに述べたように、貧困政策は貧困層にとって最低生活を保障する最後の

砦である。いうまでもなく、この場合の「最低生活」はぎりぎりの生存を満た
すような状態ではなく、人間に値する生活の最低限度と理解すべきである。で
は、そもそも「生活」とは何かをある程度明確にしておく必要がある。

　日本における生活研究は第一次世界大戦以前の横山源之助に遡ることができ
るが、社会と対置し、生活を構造的に把握しようとする研究は昭和10年代の
戦時体制下まで待たなければならない。この時期に、生活構造という概念は永
野順造や大河内一男、篭山京などに代表される社会政策学の領域で現れた（中
川1986）。このような歴史のある生活構造論を系譜的に整理し、生活研究の枠
組みを綿密に分析したのが中山（1997）である。彼女は生活構造論の共通点を、
個人と社会との接点に生活という概念を位置づけ、両者のかかわりを捉えよ
うとすることを挙げているが、「生活」の概念については自ら規定しなかった。
そのかわりに、生活全体をトータルに捉える3次元の枠組みを提示した（図表
8－2）。

　生活行動は「職業生活や居住生活および余暇生活のそれぞれにおける行動」
で、狭義の生活である。生活条件は生活行動の規定要因であり、物質的条件と
制度的条件に分類され、生活行動とともに生活実態を構成し、中義の生活とな
る。そして、生活実態および生活全般に対する意識が広義の生活を構成する。

図表8－2　3次元生活の概念図

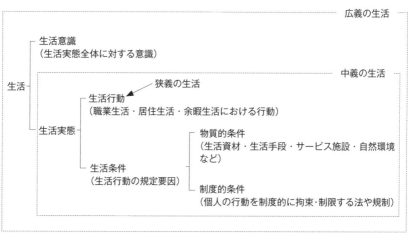

出所）中山（1997）p.188に加筆

中山の生活に関する3次元論は日本の「生活実態調査」と「生活意識調査」からヒントを得たようであるが、個人と社会の相互作用から生活を捉えようとする点がその本質だと解釈できよう。もっとわかりやすくいえば、生活とは、個人の存在を主体化させている客観的諸条件と個人がそれなりの視野構造において捉えた主観的、内在的、潜在的社会構造との力動的相互関連の一つの体系である（雪江1964、p.57）。したがって、貧困政策の実施効果を測定する場合においても、実際の生活状況とそれに対する受給者の主観的意識の両方を考慮する必要がある。

（2）ウェルビーイングの3次元モデル

　2008年以降、世界では成長神話や技術神話への反省が起こり、社会進歩を表すのが単に経済成長率ではなく、人々のウェルビーイングのあり方にも大きく注目されるようになった。

　ウェルビーイング（well-being）という学術用語は、福祉、厚生、幸福など、文脈によって様々な訳語に充てられてきた。このような状況は、これらの用語が学術的に密接な関連をもつ概念群を表しているが、そのなかでもウェルビーイングはもっとも包括的な概念とみることができる（金井2015、p.8）。

　ウェルビーイング研究は客観的ウェルビーイングと主観的ウェルビーイングの双方から進められている。客観的ウェルビーイングは、所得や住居など物質的、経済的な指標で測られ、主観的ウェルビーイングは個人の感情や意識、生活全般に対する満足度を測ろうとするものである（上坂・中森2020、p.633）。主観的ウェルビーイングは貧困研究との関連も深い。経済的困窮のみを意味する貧困概念を拡張し「社会的排除」として捉える場合、その度合いは専門家たちが定められた基準で判断するのではなく、人々それぞれが経験し感じるものに基づくべきからである（阿部2002）。

　以上の2つのウェルビーイングに、さらに関係的次元（relational dimension）を付け加え、3次元のウェルビーイングモデルを提唱したのはMcgregor & Pouw（2017）である。彼らの出発点は物質的充足と矮小化された「福祉」からの脱却であり、またエスピン・アンデルセンの「脱商品化」に代表されているような経済と福祉を対置させる捉え方からの脱却である。

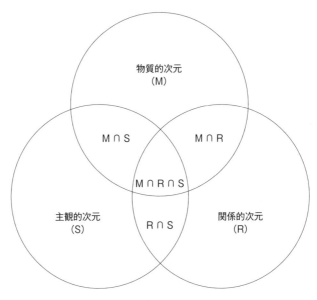

図表 8 - 3　3 次元ウェルビーイングの概念図

物質的次元
（M）

M ∩ S

M ∩ R

M ∩ R ∩ S

主観的次元
（S）

R ∩ S

関係的次元
（R）

出所) Mcgregor & Pouw（2017）p.1136 より

　図表 8 - 3 はその概念図である。3 つの次元はウェルビーイングの異なる次元であるが、相互に影響するワン・セットと考えられる。関係的次元は人とほかの社会主体（人や政府、コミュニティ、組織など）とのつながりを、主観的次元（subjective dimension）は人々自身が「生活の質」に基づく満足度評価を表している。しかし、場合によっては、物質的次元（material dimension）の充足を優先的に追求するあまりに、関係的あるいは主観的次元の充足を犠牲にするかもしれない。したがって、全体的なウェルビーイングが望ましい状態とは、少なくとも 2 つの次元での協調的な充足であり（M ∩ R または M ∩ Sまたは R ∩ S）、もっとも理想的な良い状態は 3 つの次元の交差する部分である（M ∩ R ∩ S）。貧困政策の最終目標はいわば、貧困の人々をよりこの交差する部分に近づけていくことである。

（3）評価指標と検証方法
　以上で生活構造研究とウェルビーイング研究から 2 つの 3 次元モデルを紹介

したが、基本構成からみて、この2つの3次元モデルが似通っていることがわかる。生活条件を物質的次元に、生活行動を関係的次元に、生活意識を主観的次元にそれぞれ読み替えることができる。では、ウェルビーイングの3次元に沿って、評価指標を考えてみよう。

　まず、物質的次元であるが、現金給付による所得貧困の改善度が一番に浮かび上がる。また、所得の改善は消費水準や消費構造にも影響するため、消費支出への効果もみる必要がある。次に関係的次元であるが、親戚や地域の人々との交流頻度、社会活動の参加時間などが考えられる。そして、主観的次元であるが、生活3次元のうち、生活意識に相当する。生活意識は生活条件と生活行動からなる生活実態に対する認識・評価であるため、主観的次元の評価指標も物質的次元と関係的次元に対する満足度を含むべきである。物質的次元に関しては、経済的安心感、関係的次元は社会的疎外感や自分の社会地位に対する認識、そしてそれらを踏まえたうえでの現在の生活状態に対する満足度が挙げられる。さらに、現在の生活満足度は将来の生活に対して明るい展望をもてるかどうかにも影響するので、未来の生活への希望も指標の一つと考えられる。

　しかし、以上のような実施効果は受給対象のターゲティングによって、大きく左右される。本来受給すべき人が対象から漏れている、あるいは受給すべきでない人が受給してしまったケースが多ければ多いほど、貧困層全体への政策の有効性が損なわれることになる。したがって、以下では、貧困政策のターゲティング効果を確認したうえで、3つの次元に沿って検証していくこととする。その際に、これまで蓄積されているデータ分析の研究結果を活用する演繹的アプローチをとる。主にサンプル数の多い全国規模の調査データ、①中国家庭所得調査（China Household Income Project：CHIP）、②中国家庭パネル調査（China Family Panel Studies：CFPS）、③中国家庭金融調査（China Household Finance Survey：CHFS）を扱う学術文献を踏まえたうえでの検証となる。

3．実施効果の検証

（1）ターゲティング効果の検証

　図表8－4と図表8－5は都市と農村の低保制度のターゲティング効果に関する推計をまとめたものである。ターゲティングの正確性を表すには「漏給率」と「濫給率」という2つの指標がある。「漏給率」とは、受給資格があるにもかかわらず受給していない世帯が受給資格のある全世帯に対する割合で、「濫給率」とは、受給すべきではない世帯が受給世帯に占める割合である。受給資格の有無は基本的に世帯の所得が最低生活保障ラインを下回っているかどうかによって判断されるが、農村の場合、農村最低生活保障ラインと農村貧困ラインがあるため、推計結果に幅が生じている。[1]

　図表8－4と図表8－5をみると、データソースや調査年によって、推計結果から一定の傾向を見出すのが難しいが、総じて低保制度の漏給率および濫給

図表8－4　都市低保制度のターゲティング効果

研究文献	漏給率 (%)	濫給率 (%)	データソース	サンプル数	調査年
文（2015）	81.2	n.a.	CHIP	3,948 世帯	2002
	25.6	n.a.	CHIP	3,904 世帯	2007
楊・高（2019）	65.1	84.5	CHIP	6,262 世帯	2013
宋・李・王（2020）	78.8	90.51	CHIP	6,601 世帯	2013
張・張（2017）	89.02	55.79	CFPS	5,400 世帯	2012
	82.93	61.79	CFPS	5,656 世帯	2014
羅・王（2018）	79.2	59.3	CFPS	6,340 世帯	2014

出所）筆者作成

図表8－5　農村低保制度のターゲティング効果

研究文献	漏給率（%）	濫給率（%）	データソース	サンプル数	調査年
韓・高（2017）	73.24 ～ 78.01	56.35 ～ 70.24	CFPS	8,251 世帯	2012
張・張（2017）	81.12	72.47	CFPS	6,149 世帯	2012
	74.69	62.77	CFPS	6,100 世帯	2014
朱・李（2017）	81.89 ～ 82.61	85.94 ～ 90.82	CHIP	10,068 世帯	2013
韓・高（2018a）	83.30 ～ 84.96	79.83 ～ 87.59	CHIP	9,915 世帯	2013
楊・高（2019）	85.1	87.1	CHIP	9,937 世帯	2013
韓（2021）	87.49	57.62	CHFS	12,268 世帯	2017

出所）筆者作成

率はかなり高いといえる。都市の場合、2014年の漏給率は約8割前後で（つまり捕捉率は2割前後）、濫給率は約6割前後である。農村の場合、2017年の漏給率は87.5％で、濫給率は57.6％である[(2)]。

　なぜ低保制度のターゲティングの精度が低いのであろうか。それは規定されている受給資格の判定と実際の現場での認定に齟齬が生じているからである。受給資格の判定は所得が最低生活保障ラインを下回っているどうかに依拠すべきであるが、実際は家庭訪問による現地調査で、家族構成や貨幣資産、住宅、耐久財などを主観的に判断されがちである。農村の場合、都市と違って、世帯収入は現金ではなく、現物がかなりの割合を占めているため、そもそも所得認定も困難である（朱2017）。また、経済的判断基準が曖昧であるがゆえに、現場では「濫給」を恐れ、財政制約のもとで、資格認定時に「高齢者」「障害者」「重病患者」といったハンディキャップ層を優先する傾向がある。宋ほか（2020）は世帯内に失業者が多いこと、家族構成員に健康状態がよくないあるいは障害をもつ者がいること、金融資産があまりないことが都市の「濫給」世帯に多くみられる特徴だと指摘している。農村での調査研究も同じことを発見している。

　2019年に、政府は立て続けに「生活困難な下崗失業人員の基本生活保障をさらに強化することに関する通知」と「脱貧攻堅時農村最低生活保障世帯の経済状況の評価認定を確実に強化することに関する指導意見」を公布し、従来の所得だけによる認定法に少し修正を加えた。前者では、支出硬直性の高い世帯（重病患者や障害をもつ家族がいる世帯）に対して消費支出が、後者では、水道光熱費といった日常生活費や国外旅行費用などの補助指標が追加された。

（2）物質的次元：所得と消費支出への影響

　物質的次元のウェルビーイングを、所得貧困の改善と消費支出への影響からみていく。図表8−6と図表8−7はそれぞれFGT貧困指標を用いて都市と農村の貧困改善度を示している。FGT貧困指標において、FGT(0)は貧困者比率で、すなわち全データに占める貧困者の割合で「貧困の頻度」を、FGT(1)は貧困ギャップ比率で、すなわち貧困者比率と消費ギャップ比率との積によって「貧困の深さ」を、FGT(2)は2乗貧困ギャップ比率で「貧困の深刻度」を

研究文献	全世帯における貧困削減 (%)			受給世帯おける貧困削減 (%)			データソース	サンプル数	調査年
	FGT(0)	FGT(1)	FGT(2)	FGT(0)	FGT(1)	FGT(2)			
文 (2015)	8.7	9.74	11.45	n.a.	n.a.	n.a.	CHIP	3,948 世帯	2002
	58.97	79.19	87.76	n.a.	n.a.	n.a.	CHIP	3,904 世帯	2007
羅・王 (2018)	4.75	7.66	11.13	22.86	33.35	43.29	CFPS	6,340 世帯	2014

出所）筆者作成

図表 8 − 7　農村低保制度の貧困改善度（貧困ラインを基準に）

研究文献	全世帯における貧困削減 (%)			受給世帯おける貧困削減 (%)			データソース	サンプル数	調査年
	FGT(0)	FGT(1)	FGT(2)	FGT(0)	FGT(1)	FGT(2)			
韓・高 (2017)	2.01	5.20	7.85	10.01	23.22	33.22	CFPS	8,251 世帯	2012
韓・高 (2018a)	4.59	7.40	9.74	n.a.	n.a.	n.a.	CHIP	9,915 世帯	2013
韓 (2021)	3.71	5.40	6.45	n.a.	n.a.	n.a.	CHFS	12,268 世帯	2017

出所）筆者作成

表している。

　都市の場合、すべての FGT 指標において、貧困削減の効果が現れているが、全世帯に比べ、受給世帯における効果がより顕著である。さらに 3 つの指標を比較すると、全世帯においても受給世帯においても、FGT(2) が一番大きく、FGT(0) が一番小さいことがわかる。農村低保制度についても同じことが図表 8 − 7 から読み取れる。つまり、低保制度は貧困発生率の削減より、貧困層内部の格差改善において効果を発揮している。

　低保制度が受給世帯の消費構造に与えた影響を図表 8 − 8 と図表 8 − 9 にまとめた。この分野に関する既存研究が少なく、データソースも最新ではないため、推計結果に対する分析は多少の留保が必要である。都市と農村が共通しているのは医療支出（自己負担の医療費および保健品の購入費など）の増加と衣服支出の減少である。そして、都市の傾向として、教育支出の増加、農村の傾向として、食費の増加と居住支出の減少が挙げられる。総じていえば、「衣食住」といわれる生活必需項目への変化はそれほど顕著ではなく、特に衣服と住

図表8-8　都市低保制度による消費支出への影響

研究文献	一人当たりの消費支出						データソース	サンプル数	調査年
	食料	衣服	住居	交通	教育	医療			
文（2021）	＋	－	＋	－	＋	＋	CFPS	4,929 世帯	2002
楊・高（2019）	－	－	－	＋	＋	＋	CHIP	6,262 世帯	2013

出所）筆者作成

図表8-9　農村低保制度による消費支出への影響

研究文献	一人当たりの消費支出						データソース	サンプル数	調査年
	食料	衣服	住居	交通	教育	医療			
梁・汪（2015）	＋	n.a.	－	n.a.	＋	＋	農村貧困監測サンプル調査	52,342 世帯	2010
楊・高（2019）	＋	－	－	＋	＋	＋	CHIP	9,937 世帯	2013

出所）筆者作成

図表8-10　農村低保制度受給世帯の消費支出の増減（2010）

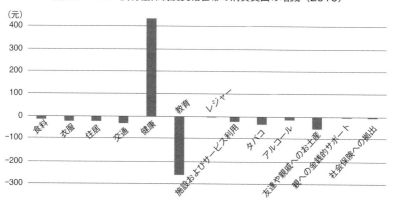

出所）Han・Gao・Xu (2016) p.233 より作成

居支出にマイナスの影響を与えている。それは受給世帯が現金給付以外に、水道光熱費などの減免や条文化ではない実物支給を受けていることが考えられる。医療支出の増加は中国における医療保障水準の不十分さを物語っている。また、都市に比べ、農村貧困世帯に余裕がないことがわかる。将来への人的投資もで

きず、移動のための交通費もあまり使いたくない。これらは関係的次元のウェルビーイングにも悪影響を与えているのであろう。

農村低保制度の受給世帯のヘルスケアへの支出増傾向はほかの研究からも明らかにされている。図表8－10は2010年の農村調査（5省）データに基づいた分析結果である。ほかの消費支出はすべて減少しているのに対して、ヘルスケアだけが大幅増となっており、また教育への支出が一番大きく減少していることが再確認された。

（3）関係的次元：社会活動時間と親戚との付き合い頻度

関係的ウェルビーイングは生活時間と親戚との付き合い頻度からみていく。

Gao・Wu・Zhai（2015）は2010年のCFPSデータを用いて、受給世帯の世帯主の休日（No-work day）における生活時間を7つに分け、受給前後の時間差を測定している。図表8－11の通りに、レジャーおよび社会活動（テレビの視聴やボランティア活動、親戚との付き合いなど）に費やす時間が受給前に比べ、都市の場合0.77 h（46分12秒）、農村の場合0.47 h（28分12秒）減少している。時間が増えたのは、都市の場合、個人の身の回りの用事および家事と仕事関連の時間であるのに対して、農村の場合、個人の身の回りの用事および家事に集中している。

図表8－11　低保制度受給後の世帯主の休日時間の変化（2010年）

（単位：時間）

	都市（N = 5453）	農村（N=6291）
個人の身の回りの用事および家事の時間	0.15	0.43
仕事関連の時間	0.29	-0.28
教育関連の時間	-0.03	0.01
レジャーおよび社会活動時間	-0.77	-0.47
移動時間	0.00	0.03
その他の活動	0.15	0.19
何もしていない時間	0.15	0.06

出所）Gao・Wu・Zhai (2015) p.878 より作成

図表 8 - 12　受給世帯の非同居親戚との付き合い頻度（2014 年）

	受給世帯 ①	非受給世帯 ②	ATT 効果 ③ = ② - ①	標準偏差 ④	t 値 ⑤ = ③ / ④
都市	3.233	3.277	-0.044	0.064	-0.69
農村	3.210	3.298	-0.088	0.034	-2.59

出所）程 (2019a, b) より作成

　そして、受給世帯の過去 1 年間における非同居親戚との付き合い頻度に着目
したのは程の研究である。彼は、2014 年の CFPS のデータを用いて、付き合
いなし、年に 1 ～ 2 回、半年に 1 ～ 3 回および月に 1 回と 4 段階設定したうえ
で、データ解析を行った。図表 8 - 12 をみればわかるように、受給世帯に比
べ、都市も農村も受給世帯の付き合い頻度が少ない。ただし、都市の場合、t
値が 1% の有意水準を下回っているのに対して、農村の場合、有意水準を満た
している。受給者が親戚と距離を置くようになったのは、スティグマが大きな
要因である。中国では受給審査の公正性を示すため、受給予定世帯の世帯主な
どの情報が居住地で公示されている。この措置が受給者に「屈辱感」や「不名
誉感」をもたらすことは容易に想像できよう。
　関係的ウェルビーイングについていえば、低保制度の受給はその水準の向上
につながっていない。特に農村の場合、水準の低下をもたらしている。この結
果は消費支出に関する検証結果とも一致している。

（4）主観的次元：生活に対する総合的満足度

　低保制度の主観的ウェルビーイングに関する研究はごくわずかで、筆者の調
べた限り、全国のデータソースである CFPS に基づく研究は韓・高（2018b）
と Han・Gao（2020）しかない。同じ研究者による中国語と英語の論文で、そ
れぞれ都市と農村の低保制度による主観的ウェルビーイング効果を検討してい
る。彼らは 2012 年時点で受給しておらず、2014 年時点で受給している世帯を
抽出し、5 段階法で受給前後の平均値差によって効果を測っている。その結果
は図表 8 - 13 の通りである。生活満足度においては、都市の受給者も農村の
受給者も受給前に比べ、受給後の満足度が高く、有意差が得られた。主観的社
会地位の認識や将来への自信度において、農村受給者のほうでは有意差がみら

図表 8 - 13　低保制度の受給世帯の主観的評価

	都市低保受給世帯（N=159）					農村低保受給世帯（N=708）				
	2012		2014		2012 ～ 2014	2012		2014		2012 ～ 2014
	平均値	標準偏差	平均値	標準偏差	平均値差	平均値	標準偏差	平均値	標準偏差	平均値差
個人生活満足度	3.220	0.991	3.629	1.139	0.409	3.155	1.006	3.699	1.044	0.543
家族生活満足度	3.390	0.980	3.730	1.048	0.340	3.242	1.018	3.738	1.045	0.495
主観的社会地位	2.742	1.008	2.811	1.044	0.069	2.695	0.970	3.038	1.055	0.343
将来への自信度	3.509	1.152	3.585	1.249	0.076	3.416	1.149	3.921	1.068	0.505

出所）韓・高 (2018b) および Han・Gao (2020) より作成

図表 8 - 14　経済的安心感と将来への期待感（2015 年）

（単位：%）

	経済的安心感			5 年後の生活への期待感			
	ある	なし	合計	上昇	変化なし	下降	合計
年齢層							
少年	55.6	44.4	100.0	72.2	16.7	11.1	100.0
青年	66.6	33.4	100.0	45.7	23.8	30.5	100.0
中年	67.9	32.1	100.0	53.3	22.5	24.1	100.0
老年	57.1	42.9	100.0	37.6	29.0	33.4	100.0
都市・農村							
都市	30.6	69.4	100.0	52.8	23.2	24.1	100.0
農村	43.3	56.7	100.0	38.2	27.1	34.7	100.0
地域							
中部	40.2	59.8	100.0	43.0	27.2	29.8	100.0
東北部	17.4	82.6	100.0	56.2	20.2	23.6	100.0
東部沿海	59.1	40.9	100.0	51.6	15.1	33.3	100.0
全体	35.9	64.1	100.0	46.7	24.8	28.5	100.0

出所）侯、慈 (2019) p.26 より作成

れたのに対し、都市受給者ではサンプル数が少ないためか、わずかな差にとどまっている。しかし、全体からみると、低保制度が受給者の主観的ウェルビーイングを向上させたといえよう。

　そして、全国調査ではないが、侯・慈は遼寧省、湖北省、江西省、浙江省、広東省および山西省の6省の低保受給者の調査データに基づき、経済的安心感という物質的生活の主観認識について分析した（図表8 - 14）。全体でみると、経済的安心感がないほうが比率的に高く、64.1％と過半数となっている。年齢層別でみると、青年層と中年層のほうが経済的安心感が高い。都市より農村、そして地域でいうと、東部沿海地域のほうが経済的安心感が高い。将来への期待感については、将来的に生活水準が上昇すると思う受給者は46.7％で、比率的に一番高いが、半数以下である。また、青年層が中年層より将来への期待感が低いことは考えさせられる点である。調査規模（有効サンプル1209人）の制約があるため、調査結果の代表性に疑問が残るものの、低保制度の給付水準は十分ではないことが推測できる。

　同じ調査データを用いて、都市低保の受給者について、就労と経済的安心感の相関関係を分析した侯は、興味深い結果を発見した。それは就労が経済的安心感を増強するどころか、低下させてしまうという結論であった。その理由は、受給者の多くが労働密集型産業で働いており、長時間労働や低賃金に強いられているため、理想の就労と現実にギャップを感じ、就労自体に不満をもっているからと彼は指摘する。さらに、就労だけでなく、就労支援（職業紹介や職業訓練など）も、受給者の実際のニーズに合わず、経済的安心感に負の影響を与えているという（侯2019）。

4．これから深めていくべきテーマ

（1）低保制度の受給資格：相対的貧困へ向けて

　今回は低保制度の実施効果を検証するに当たって、政策のターゲティングの精度を前提としていた。本来受給すべき人が受給できておらず、また受給すべきでない人が受給していれば、当然制度の実施効果に大きく影響する。すでにみてきたように、現行の制度のターゲティング精度はかなり低い。それは所得

に依拠している受給資格の認定方法を現場で実施することが困難になったからである。より客観的に貧困世帯の経済状況を把握するため、操作しやすい資格認定法が必要である。

中国では、特に医療保障の水準が不十分であるため、所得が最低生活保障ラインを上回っても、大きな病気になれば困窮状態に陥りやすい。そのため、所得だけでなく、支出面も考慮する必要がある。また、農村では現金収入の把握が難しいため、水道光熱費などの支出から所得を推計する代理所得算定法が提起されている。確かに、現代社会においては、貧困は多様化・複合化した様相を呈しており、所得だけで貧困状態を測れなくなっている。しかし、受給資格の認定に関しては、多次元の認定が操作上煩雑であるため、結果的に恣意的になりがちではないかという懸念がある。そのため、ポスト「絶対的貧困」の時代に、最低生活保障ラインを、低所得および中低所得世帯に対応できる適切な水準に設定することが大きな課題である。その際に、今回の先行研究の活用による演繹アプローチ以外に、現場での実施状況の観察や関係者インタビューなど帰納的アプローチも活用する必要がある。

(2) 貧困政策の特殊性：有効性と持続性

政策評価の普遍的な評価基準として、「必要性」「有効性」および「効率性」が挙げられる（山谷監修 2020、p.198）。近年では、そのうち、特に「有効性」が注目されている。貧困政策は貧困層の最低生活を保障する最後のセーフティネットとしての機能をもっており、また費用対効果を過度に強調すると、経費削減論につながりやすいため、「有効性」は貧困政策の評価基準として適切だと考える。本章も低保制度の介入によって、受給世帯の生活がどのような影響を受け、彼らのウェルビーイングの水準に対して貢献しているかどうかをみてきた。物質的と主観的次元において、低保制度は若干の水準向上をもたらしているが、関係的次元においてはマイナス効果である。

しかし、貧困層はリスクに対して脆弱で、景気変動やパンデミックといった特別危機時の影響を一番受けやすく、一度貧困から離脱した人はもう一度貧困に陥ることがある。また、そもそも貧困自体は多次元的に捉えるべき概念であり、物質的・金銭的な欠如だけを意味しない。つまり、一時点で測定した貧困

率や貧困層の所得の増減だけでは、貧困政策を評価することは難しい。したがって、貧困政策の実施によって、貧困層の一時的な生活改善だけでなく、その脆弱性を改善し、将来的な生活安定に結び付けるかどうかは評価の際に重要な視点と思われる。中山（1997）は、生活の概念における時間軸の設定に言及している。貧困政策に対する評価も現状の生活から将来の生活安定に向けての時間軸が必要で、これを「持続性」と呼ぶことにする。この場合、貧困政策の効果を静態的だけでなく、動態的に把握できる評価指標の構築が重要である。

注
(1) 絶対的貧困の撲滅キャンペーンで用いられる農村貧困ラインは農村最低生活保障ラインとは異なる基準である。農村貧困ラインは全国の統一基準であるのに対して、農村最低生活保障ラインは各地が設定することとなっている。2020年の農村貧困ラインは4000元／年で、農村最低生活保障ラインの全国平均値は5962元／年である。
(2) ちなみに、日本の捕捉率は、2016年の国民生活基礎調査データの推計によると、所得のみをみた場合22.6％で、資産を考慮した場合43.3％である。

手にとって読んでほしい5冊の本

1. 青井和夫・松原治郎・副田義也（1971）『生活構造の理論』有斐閣双書
日本の生活構造論の代表作の一つで、生活を「全体的・体系的」に捉えようとする生活体系論を展開している。特に第Ⅰ部における4人の執筆者のそれぞれの理論展開が参考になる。

2. キャロル・グラハム著　多田洋介訳（2013）『幸福の経済学―人々を豊かにするものは何か』日本経済新聞出版社
世界各国の主観的ウェルビーイングに関する調査を精力的におこなっている著者は膨大な研究成果をバランスよくまとめている入門書である。幸福度や主観的生活満足度などの指標の意味や政策応用について、計量経済学の知識がなくても読める。

3. 福原宏幸編著（2007）『社会的排除／包摂と社会政策』法律文化社
1980年代の福祉国家の危機のなかで、不安定就労、若年者の雇用問題などに伴う貧困を読み解く用語として登場した「社会的排除／包摂」について、理論解

明と政策論展開の両方をわかりやすく整理している。

4. ジョエル・ベスト著　赤川学監訳（2020）『社会問題とは何か―なぜ、どのように生じ、なくなるのか』筑摩選書

アメリカでも構築アプローチの教科書として定評を得ており、社会問題を社会問題過程として解釈し、そのプロセスの後半は政策の形成や施行、評価に関わる。

5. セルジュ・ポーガム著　川野英二・中條健志訳（2016）『貧困の基本形態―社会的紐帯の社会学』新泉社

貧困を指標でみるのではなく、時代や社会によって貧困の異なる「かたち」に注目し、丁寧に分析した好著である。

第9章

曖昧な規制における中国助成財団

投資活動による媒介効果を検証する

史邁

グラフィック・イントロダクション

図表9−1　助成財団の価値創造における投資活動の位置づけ

　助成財団（foundation）とは、寄附や政府助成金をその資産として受け入れ、個人や団体等のおこなう公益事業に対して資金的な助成をおこなうことを主たる目的とする非営利組織のことをいう。その投資活動は、寄付された資産の貨幣的価値を保ち、さらに多くの資源を獲得するためのファイナンシャル・マネジメント手法である。投資活動を通して利益を追求するのは本来、助成財団のミッションではないが、優れた投資活動は、間違いなくその助成活動や、公益事業の展開に助けをもたらす（Salamon 1992、1993）。つまり、図表9−1に示すように、募金（インプット）と助成（アウトプット）が組み合わせられた助成財団の価値創造の過程においては、投資活動が重要な媒介効果をもつと考えられる。

1. 何が問題か／曖昧な規制のなかで

　中国では近年、民間による自主的な福祉事業整備がますます重要視されるとともに、かつてフィランソロピー領域だけで活躍していた助成財団も、さらに広い領域で資源調達の役割を果たすようになっている。だが、それと同時に、多く集めた公益資産の管理問題も徐々に公衆の視野に入っている——中国の助

成財団は、上で想定しているように、果たしてその投資活動が価値創造に媒介効果をもたらしているのであろうか？

　この疑問を引き出すもっとも大きな理由は、中国の助成財団の投資活動を取り巻く規制環境の曖昧さにある。Jiang and Cai（2018）と Yao（2013）は、「長期的な規制の曖昧さが、投資活動における助成財団の不確実な立場をもたらしている」と指摘している。この点に関しては、確かに政策の流れからみられる——中国で最初の財団は早くも 1980 年代に設立されたが、それはほぼ 40 年後の 2019 年、政府は投資に関する最初の特別規則、「公益組織の投資活動の管理のための暫定措置」（中国語名称：慈善組織保値増値投資活動管理暫定弁法、以下「暫定措置」と称する）を正式に実施した。それまでは、助成財団に関連する法律や政策文書における投資に関連する規制がほとんどなかった。

　たとえば、過去数十年にわたるもっとも重要な政策として、2004 年に国務院によって頒布された「助成財団管理の条例」（中国語名称：基金会管理条例）でも、または 2017 年に全国人民大会に頒布された「慈善法」でも、投資活動に関する規制項目はあまりにもシンプルで、「合法性、安全性、有効性」の 3 原則のみを強調していた。こうしたゆったりしている規制は、助成財団の投資決定に広範な「自主性」を意図せずに提供したのではないかと考える研究者もいるが（Huang 2013）、業界では、やはり規制の曖昧さによる不確実性を心配する声が多い（Jin et al. 2012、Zhang and Zhou 2017）。この点に関して、中国の金融専門家である Liu Wenhua ほか（2020）は、これまでの政策は助成財団投資活動を促進するところか、むしろこのような方法で、彼らの「自主性」を抑圧していると指摘している。

　投資活動への無関心に反して、政府はこれまでの政策の流れの中で、助成財団の内部ガバナンスについて非常に詳細な要件を定めている。2004 年の政策でも 2017 年の法律でも、規制のほとんどの内容は、組織の内部ガバナンスに関わっている。規制の内容だけみれば、政府の主な目的は、「効率的な」組織というより、「従順な」組織を育成することだろうと考えられがちである（Xie 2003）。ただし、この期間に政府が内部ガバナンスを優先したことは非合理的でもない。それは、まだ発展段階にある中国の公益業界において、投資から多くの利益を得ることより、規則を設定して秩序を確立させ、混乱を是正するこ

とは、政策立案者にとってもっとも緊急の課題かもしれない（Feng 2013）。

　このように、中国の助成財団は非常に微妙な状況にあると考えられる——彼らは、組織の持続可能な発展を維持するために、投資活動を通じて助成活動や価値創造のためにより多くの資金を獲得する必要がある。その一方で、曖昧な規制による高い不確実性の中で、投資活動には依拠できるような規制がなく、すべての責任を自らが負う必要がある。だが、このような局面は今後の政策展開において非常に興味深いパズルも一つ残している。すなわち、このような曖昧な規制の中でも、助成財団の価値創造は依然として、その投資活動に媒介効果をもたらすのであろうか？

2. 先行研究／問題への仮説づくり

　投資活動（M）は、助成財団の持続可能性とその価値創造の質を確保する一種の手段として、常に募金（X）の規模によって制限される。それは、助成財団が取得する資源が多いほど、その価値維持に対する需要も高まり、そして、投資活動に利用できるような資金が多くなるからである。その一方で、投資活動は助成の質（Y）にも影響を与える。資産管理のパフォーマンスが向上すると、助成活動に利用可能な資金が増え、資本コストによる損失も節約できると考えられる（Bowman 2011、Kochard and Rittereiser 2008）。ただし、中国の曖昧な規制のなかで、このような因果関係が依然として成り立つかどうかは、大きな懸念がある。

　この点に関して、Kang and Han（2007）は中国の非営利組織は常に「行政当局に吸収される」ため、その行動は政策環境への依存性が高いと指摘している。この意味で、助成財団もほかの非営利組織と違わず、その運営パターンと活動範囲が、常に国の制度に依存し、曖昧な規制に制限される。つまり具体的な政策ガイダンスがない状態で、投資に失敗してしまうと、助成財団は政府と市民の両方からのプレッシャーに独自に対処せざるをえなくなる（Liu et al. 2020）。たとえ完璧なリスク防止策があったとしても、寄付者からの非難も避けられない。(1) つまり、「沈香も焚かず、屁もひらず」という論理の下で、このような曖昧な規制において、金融分野に突入し余計なリスクを負うのは、助成

財団にとって賢明ではない。

　また、Hou and Zhuang（2016）は「助成財団は投資活動がいくら優れても、そのもっとも重要な募金活動に対して別に利点をもたらさない」と指摘している。ほとんどの助成財団にとっては、派手で人目を引く助成プロジェクトは、その影響力を高め、政府を喜ばせ、そして、寄付者の信頼を勝ち取るためのもっとも有効な「セールスポイント」である（Han et al. 2020）。さらに、Xie et al.（2020）と Zhang and Zhu（2019）は、投資活動が助成財団に余計な業務量を増やすため、募金活動を押し出すと考えている。

　その一方、楽観的な態度を示した議論も少なくない。たとえば、Kang and Feng（2020）は、「曖昧な規制であるにもかかわらず、公益事業のエコシステム全体から見れば、中国の助成財団は、伝統的な機能的役割から離れているわけではない」と指摘している。業界から不満をいわれる政策の「不親切さ」は、あくまで不確実性の高い環境で投資活動をおこなうことに過ぎず、いかなる投資も禁止するわけではない（Jiang and Cai 2018）。とりわけ外部環境からみれば、投資活動は助成財団にとっては、ますます重要になっている。

　具体的には、まず、30 年近くにわたる急速な発展を経て、助成財団の総資産は 2018 年までに 1500 億元に達した（Cheng et al. 2020）。急速に成長するキャッシュプールは、高いインフレ圧力を克服するために、資産管理の重要性がますます高まっている。しかも、中国の資本市場は 2008 年の世界金融危機以降、新たな高速発展を遂げた。魅力的なキャピタルリターンによって、助成財団の投資活動に理想的な外部環境を提供している（Liu et al. 2020）。そして、ほとんどの民間財団は、寄付以外の外部資金調達アプローチが非常に限られている（Chu 2016、Lin and Wu 2012）。その中で、投資活動は民間財団の数少ない方法の一つになっている。つまり、多少の不確実性があったとしても、助成財団は相変わらず、図表 9 − 1 に示すように、投資活動を通じて自身の資産の貨幣的価値を確保することを選択するだろうと考えられる。

　このような議論に基づき、本章は助成財団の投資活動のあり方を前向きに捉え、問題の仮設を以下のように設定した。すなわち「曖昧な規制においても、助成財団の投資活動は依然として、その価値創造に媒介効果をもつ」と考えている。

3. 検証方法／指標・検証モデル・データ

この仮説を検証するために、本章は助成財団の「年度会計報告」からいくつかの項目を選択し、合計5つの指標を設計した。図表9-2に示すように、そのうち、「募金活動（X）」はインプット指標として、助成財団が公益資源を募集する能力、すなわち投資活動に利用可能な資金の量を示す。その分子はバランスシートにある「受取寄付金」という項目である[2]。それに対して、「助成活動（Y）」はアウトプット指標として、助成財団による社会への実際の貢献を示す。その分子は「助成事業費」、すなわち管理費およびその他の運営費を差し引いた後の、実際に助成活動に使われた資金の量である。また、組織の規模によって生成される影響を制御するために、これらの2つの指標では、「正味資産」を分母としている[3]。

その一方で、投資活動は複数の視点から表す必要があるため、本章は次のような3つの変数に分けてその指標を設計している。まず、「金融資産（M1）」は投資活動の静態を表す指標として、助成財団の資産合計に占める金融資産の割合を指す。分子の「金融資産」は、バランスシートに示される長期債務投資、長期株式投資、および短期投資（1年以内に満期を迎える長期債務投資を含む）を含めた合計である。次に、「現金流量（M2）」は、投資の動態を表す指標として、投資活動によって生成されたキャッシュフローが、現金流量合計に占める割合を指す。分子と分母にある「現金流量」は、流入と流出の両方の小計のさらなる合計である。また、ここでの「合計」とは、キャッシュフロー計算書に記載されている公益活動、投資活動、および財務活動がすべて含まれ

図表9-2　指標の設計

レベル	指標	公式
X	募金活動	受取寄付金／正味資産（*100%）
Y	助成活動	助成事業費／正味資産（*100%）
M1	金融資産	金融資産／資産合計（*100%）
M2	現金流量	投資活動による現金流量／現金流量合計（*100%）
M3	貢献比率	投資活動による収益／収益合計（*100%）

ている。この2指標は、「助成財団がどれくらい投資活動に関与するのか」という点を示す説明的な指標である。

　最後に、「貢献比率（M3）」は、助成財団の投資収益による収益がその収益合計に占める割合を指す。この指標では、収益合計は損益計算書に記載される投資収益、寄付収益、会費収益、政府補助金、事業収益、販売活動収益、および他の収入の絶対値の合計である。前の2指標と比べて、この指標は投資活動にもたらされる影響を表している。すなわち助成財団の収益に対して、投資活動がどれくらい貢献しているかを示す。

　図表9－1に示す論理関係に従って、本章は以上の5つの指標を、図表9－3に示す「マルチチェーン構造をもつ媒介モデル」（検証モデル）に整理している。このモデルでは、矢印のP1は、募金活動（X）と助成活動（Y）の因果関係に組まれた財団の価値創造プロセスを示す。P2-1からP2-4までは、金融資産（M1）と現金流量（M2）がそれぞれ募金活動に制限され、さらに貢献比率（M3）に与える影響を示す。このような設定は、上で論じたように、「助成財団がより積極的に投資するほど、総収入に占める投資収益の割合が大きくなる」という因果関係を前提としている（Liu et al. 2020、Heutel and Zeckhauser 2014a、2014b）。さらに、P3は、投資活動が助成活動（Y）に戻る影響を想定している。

　検証モデルには複数の因果関係が含まれており、しかもすべての変数が直接に観察できる指標であるため、本章は構造方程式モデリング法を利用している。ただし、助成財団の業務実際を考えると、投資活動は募金と助成の活動より、その収益の周期が常に長い傾向がある。つまり、個別の会計年度のデータ（パネルデータ）を利用するなら、検証結果は不正確になる可能性が高い。この点

図表9－3　マルチチェーン構造をもつ媒介モデル

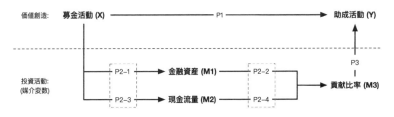

に対して、本章は過去 5 年間（2014 ～ 2018 年）をサンプリング期間と設定し、5 年間の平均値をクロスセクションデータに転換することで現在の状況を表している。

　本章に使用されるデータは、すべて China Foundation Center（CFC）によって提供されているものである。[4] 2018 年 12 月 31 日の時点で、中国には 7155 の助成財団がある。そのうち 1351 の民間財団がサンプリング期間中に継続的に活躍し、かつ CFC のデータベースに収録されている。欠損値や異常な計算結果のある 391 サンプル（28.9％）、常勤スタッフがいない（あるいは存在が確認できない）「ゴースト組織」の 13 サンプル（1.0％）、投資活動のない非アクティブな 222 サンプル（16.4％）を除外した結果、合計 725 の助成財団を最終的に分析の対象とした（53.7％）。

4.　検証結果／二極化の傾向と限られた媒介効果

　検証の結果は以下の通りである。

　まず、全体的な印象として、業界内では明らかな二極化の傾向がみられる。投資活動を表す 3 指標の平均値は、それぞれ 29.3％（M1）、27.1％（M2）、および 12.0％（M3）である。相関テストでは、3 指標の間の相関係数がすべて有意なプラスを示している（M1 と M2：$\gamma = 0.682$、$p < 0.001$；M1 と M3：$\gamma = 0.586$、$p < 0.001$；M2 と M3：$\gamma = 0.578$、$p < 0.001$）。この結果は、業界全体が投資活動において「それほど活躍していない」ようにみえるが、実際、業界内ではパフォーマンスがサンプルによって大きく異なる可能性があることを示している。

　図表 9 − 4 の散布図に示すように、金融資産（M1）と現金流量（M2）を軸として個々の助成財団の投資活動による貢献比率（M3）の分布を示している（大きさはグレースケールとサイズで表示）。両軸に 75％の分位線を追加した結果、線内の 481 サンプル（左下の領域）は、外部の 244 サンプル（他の領域）と比較して、その貢献比率（M3）に違いがあることは明らかである。2 つのグループの t 検定の結果も、この結果を裏づけている。左下のグループの貢献比率（M3）の平均値はわずか 4.1％で、残りのサンプルの平均は 27.5％で

図表 9 － 4　貢献比率（M3）の分布

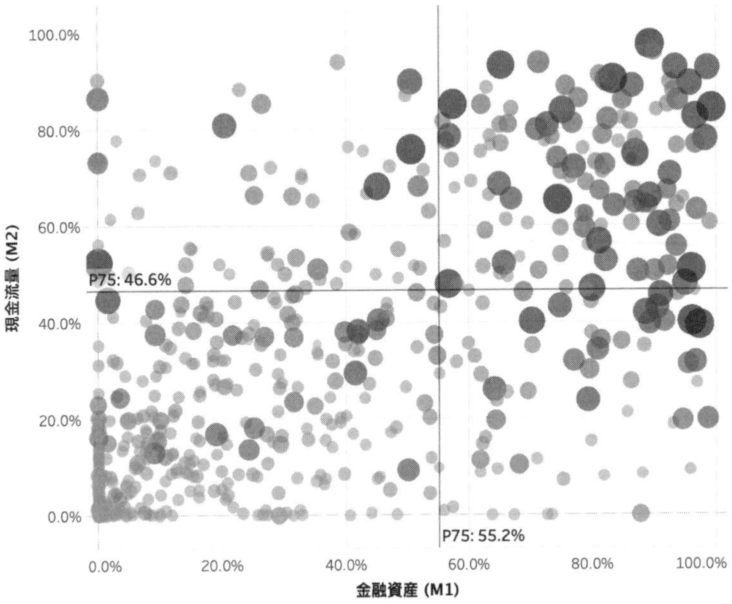

ある。両グループの差は、統計的に有意である（p ＜0.001）。つまり、助成財団の業界では、投資活動が二極化していることがわかった。より積極的な投資をおこなっているグループ（M1 と M2 のいずれかが全体の 75％を超えるサンプル）は、左下のグループと比べて、より高い貢献比率（M3）をもっている。

　次に、価値創造に対する投資活動の媒介効果は統計的に認められていない。図表 9 － 5 は、全サンプルを使用した投資活動の媒介効果の SEM モデル検証結果を示している。パス図に示されるように、カイ 2 乗寄与（CMIN）は 1.624、自由度（DF）は 3、両者の比率（CMIN ／ DF）は 0.654（＜2）、モデル適合度に関するパラメーターはすべて要件を満たしている。それは、事前設定された検証モデルと観測データの間の全体的な適応が許容され、検証モデル自体が合理的であることを示している。ただし、近似の二乗平均平方根誤差（RMSEA）は 0.000（＜0.05）、節約適合度指数（PGFI）はわずか 0.200（＜0.50）である。つまり、モデルが単純性の要件を満たしている場合でも、さら

図表 9 － 5　SEM モデルの検証結果

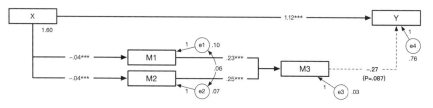

Unstandardized estimates:
CMIN=1.624, DF=3, CMIN/DP=0.654 (P=.654, >0.1)

に簡潔にする余地はまだ残っており、検証モデルには因果関係が成り立たない
パスがあることを予測している。

　所得貢献（M3）に対しては、金融資産（M1）と現金流量（M2）の２指標
は両方とも有意である。この結果は、上での分布図に示した通り、「積極的な
投資が多いほど、より多くの利益が得られ、投資が組織にもたらすより実用的
な支援」という一般的な理解を裏づけている。ただし、モデルの適合性は許
容できるにもかかわらず、助成活動（Y）に対する貢献比率（M3）の P 値は
0.087（点線付きの矢印）、5% の確率（2-tailed）において統計的に有意ではな
い。この検証結果は、前節で想定した仮説──「曖昧な規制においても、助成
財団の投資活動は依然として、その価値創造に媒介効果をもつ」ことを拒否し
ている。つまり、金融資産（M1）、現金流量（M2）と貢献比率に組み合わせ
られた投資活動は、助成財団の価値創造（X から Y までの因果関係）を媒介
しないことがわかった。

　さらに、それだけではなく、募金活動（X）に対する投資活動を表す２指標
の決定係数は 1% の確率で有意であるにもかかわらず、両方ともマイナスで
ある（P2-1 ＝ -0.06、P <0.01；P2-3 ＝ -0.06、P <0.01）。この結果は、Xie et
al.（2020）と Zhang and Zhu（2019）が指摘しているように、助成財団が募集
する資金が多いほど、助成活動にかかる圧力が大きくなり、優先度の低い投資
活動が結果的に押し出される傾向がみられている。

5. これから深めていくべきテーマ／新政策のあり方

　上記の検証結果は、楽観的な議論を踏まえた仮説を受け入れない——曖昧な規制の中で、投資活動は助成財団の価値創造に実質的な改善をもたらすことはできない。とりわけ仮説づくりの際に言及された外部環境を考慮すると、この結果からは、助成財団の資産運用に対する膨大な需要が、業界の急速な拡大によって緩和されておらず、しかも中国の金融市場の急速な発展にも追いつくこともできていないことがみられる。

　それにもかかわらず、この結果だけから中国の政策実践が失敗するとも言い難い。それは、まだ探索段階にある中国公益業界の一時的なジレンマなのか、それともこの傾向は継続し、最終的に「中国式」の実践モデルになるか、まだ判断するのは早いだろう。だが、いずれにせよ、中国の助成財団は、一般的な理解とはかなり異なることは否定できない。中国では、投資活動は助成財団のファイナンシャル・マネジメント手段とはみなしておらず、それより、通常の運営業務以外の「錦上添花」のような存在にみえる。これは、Salamon（1992；1993）や Kochard and Rittereiser（2008）らの欧米学者が想定した投資活動の役割機能とかなり異なっている。

　さらに、曖昧な規制の中で、中国の助成財団は想定されていたような、業界の「ファイナンシャル・マネージャー」の役割を果たしていないことがわかった。公益エコシステム全体における彼らの上流の位置、すなわちその資金調達の役割から考えると、中国の民間公益業界は助成財団によって適切なサポートを受けていないことが考えられる。CFC データによると、サンプリング期間内で、毎年正味資産の 30％以上の資金を募集した助成財団は 35.6％、正味資産の 30％以上の資金を助成活動に使用したものは 39.2％である。つまり、中国の助成財団は「ファイナンシャル・マネージャー」というより、ただ「公益資金の伝達者」のような役割しか果たしていない。

　このような背景の中で、助成財団の投資活動に関する最初の特別規制として、2019 年に新たに実施された「暫定措置」は、業界に熱く期待されている。新政策の主要な目的を次の 3 点に要約できる。一つ目は、より詳細な規制を通して、政府による監督を強化し、助成財団を含めた非営利組織の投資活動をさら

に正規化すること、二つ目は、法的義務における主動的なリスク防止策を講じ、投資主体の責任意識を強化すること、最後は、リスクの高い金融商品を除外することを通して非営利組織の投資活動の範囲をある程度制限することで、公益資金の安全性を向上することである（Jiang and Cai 2018、Liu et al. 2020）。

　この遅れた新政策は、長年にわたってコンプライアンス構築や内部ガバナンスの主流をスタイリッシュに継続し、以前の曖昧な規制によってもたらされた失敗責任のジレンマに積極的に対処しようとしている姿勢が高く評価できる。この意味で、新政策は、財団間のイノベーションを促進するための良いスタートを提供したと考えられる。ただし、冒頭で述べたように、政策環境は財団の発展にとって非常に重要であるにもかかわらず、公益資金による価値創造の最終責任は、依然として助成財団自体にある。つまり、政策環境が徐々に改善されつつある現在でも、長い間投資活動を無視した中国の助成財団には、果たして投資活動を順調におこない、それを通して組織の価値創造能力を向上させる専門的能力があるかどうかについては、また大きな懸念がある。

　要するに、助成財団に求められる政策は、投資活動に対するより具体的な規制を定めることだけでなく、組織の役割機能を根本的に変革させるものである。すなわち、助成財団のあり方を従来の「公益資金の伝達者」から真の「ファイナンシャル・マネージャー」へと進化させ、それらの価値創造の過程に真の改善をもたらすものであろう。

手にとって読んでほしい5冊の本

1. Anheier, H. K. and Toepler, S. (Eds.) (1999) *Private Funds, Public Purpose: Philanthropic Foundations in International Perspective*. Springer

助成財団の助成活動を形作る構造と考え方について詳細に記述し、様々な側面から組織管理について議論している。

2. Kochard, E. L. and Rittereiser, M. C. (2008) *Foundation and Endowment Investing: Philosophies and Strategies of Top Investors and Institutions*. Wiley Finance

助成財団および公益コミュニティにおける優れた投資者の経験、投資哲学、および課題を記録し、実践に使用できる重要な教訓を共有している。

3. 李妍焱（2012）『中国の市民社会―動き出す草の根 NGO』岩波新書
   中国社会の問題に向き合う、草の根の非政府組織が力を伸ばしている。地道な日中交流を積む社会学者が、そのビジョンと知性、実践力を紹介する。

4. L・M・サラモン（2016）『フィランソロピーのニューフロンティア―社会的インパクト投資の新たな手法と課題』ミネルヴァ書房
   現在、欧米で試みられているフィランソロピーや新たなソーシャルファイナンスの手法を包括的に分析し、その概要と課題を紹介したものである。

5. 李妍焱（2018）『下から構築される中国―「中国的市民社会」のリアリティ』明石書店
   中国社会の内側から「ボトムアップ」の形で社会を構築する「市民」たちに注目し、市民たちが織りなす「中国的市民社会」について論じる。

注

(1) 助成財団の微妙な立場について、*Annual Report on China's Philanthropy Development*（2020）には、次のような事例を記載している。2008 年の金融危機では株式市場は急落し、Narada 財団の理事数名が 5154 万元の投資損失を独自のプロパティで埋めた。それは、そもそも彼らの高い道徳から駆使された行為である。しかし、規制の曖昧さのなかで、民衆と業界に「助成財団の取締役が投資損失を補償しなければならないこと」という情報を伝えてしまった。結局、微妙な反例になった（Liu et al. 2020）。

(2) 現行法では、「投資活動では、助成財団は非限定的収益、または助成活動で一時的に使用する必要のない限定的収益しか利用できない」と規定されている。そのうち、「助成活動で一時的に使用する必要のない限定的資産」は年次報告書に記載されていないため、本章は損益計算書における「受取寄付金」の「非制限的」部分のみを利用してこの指標を構成している。

(3) バランスシートの数値はストックで、キャッシュフローや損益計算書の数値（フロー）と性質的に異なることから、本来、それらを互いに計算するべきではない。そこで本章は、解決方法として、毎年の開始残高と終了残高の平均値を取って助成財団の年度財務状況を表している。

(4) China Foundation Center（CFC）は、中国の 35 の有名な助成財団が 2010 年に共同で設立した中間的支援組織である。助成財団業界向けの独立した情報プラット

フォームとして、CFC は業界データベースを独自に作成・運営し、業界に必要な
データサービスを提供している。

上海の高齢者福祉サービス

　1979 年、60 歳以上の高齢者人口が 10.07％に達していた上海市は、中国初の
高齢化社会とみなされた。現在、2020 年末まで、上海市戸籍総人口は 1478.09
万人で、65 歳以上の高齢者は 382.44 万人、総人口の 25.9％を占めていた。
1979 年後の各年上海の人口構造の変化状況からみれば、高齢人口の比率は年々高
くなり、人口の予想寿命は伸び続け、高齢者の一人暮らし現象は日増しに際立って
いる。
　高齢化社会に入ってから、上海市政府がおこなっている高齢者福祉サービス事業
は 3 段階に分けられる。

1．萌芽的発展段階（1979 ～ 1997 年）
　建国から 1978 年まで、上海では都市部の「三無老人⁽¹⁾」と農村部の「五保
戸⁽²⁾」を中心に扶養していた。そのため、その時の高齢者福祉サービス事業は主に社
会救助という形でおこなわれ、専門的な高齢者福祉サービス施設も少なかった。
　老齢化社会のニーズに適応するために、1979 年後、上海高齢者福祉サービス政
策は主に施設の数を増やすことに力を入れ、高齢者福祉サービス施設は萌芽的に発
展した。この段階において、市、県、街道、地域（コミュニティ）という 4 級の
政府部門がそれぞれ高齢者福祉サービス施設を設立してきた。資金は財政からの調
達、各級政府部門の自らの募集および費用の徴収によって集められた。サービスの
対象者は「三無老人」や「五保戸」だけではなく、家庭事情が困難で、自立できな
い高齢者まで広げられた。政府の位置づけは救助者ではなく、高齢者福祉サービス
事業の担い手に転じた。高齢者福祉サービスの範囲は高齢者の経済供養と生活の世
話から、高齢者の精神的なニーズに関心をもつようになった。この段階で、上海は
多面的な高齢者福祉サービス事業の政策体系を初歩的に構築した。

2．規範化と社会化の発展段階（1998 ～ 2011 年）

　第 1 段階の萌芽的な発展を経て、上海の高齢者福祉サービス事業が進んでいたが、不足なところもあった。一つ目は、施設の数が増加しても、サービスの質と運営の仕組みは規範化されていなかった。二つ目は、政府の資源は限られており、高齢化が進む問題に対応するには十分ではない。

　そのため、第 2 段階の上海高齢者福祉サービス政策の発展は次の 3 つの路線に密接に関係している。第 1 に、高齢者福祉サービス施設を規範的に管理、運営することである。第 2 に、積極的に民間を社会福祉業界へ参入させ、サービスの供給主体となることを促進し、社会福祉の社会化を推進することである。第 3 に、高齢者在宅福祉サービスを全面的に推進することである。

　この段階の上海高齢者福祉サービス政策は施設の数から質に関心をもった。政府の役割が直接的なサービスの供給主体からサービスの供給主体の管理者へと転換を図った。市場メカニズムが齢者福祉サービス施設に導入され、政府は政策の優遇と補助金を提供することによって社会福祉の社会化を推進してきた。質が高くて、専門的なすべての高齢者に向ける在宅福祉サービスシステムが形成し続ける。

3．全面的な発展段階（2012 年以後）

　2012 年以降、上海の高齢者福祉サービス政策はより全面的、きめ細かく、統合的なモデルに向かって発展してきた。

　この段階における上海の高齢者福祉サービス政策はよりきめ細かく、全面的になってきた。政府は総合管理者ではなく、サービスの質を全面的に向上させることを目標とするトップ設計者となり、総合的な協調、責任実行、審査監督などを通じて社会的な高齢者福祉サービスシステムの建設作業を展開している。この段階で上海の高齢者福祉サービス政策は主に全面的な発展という核心をめぐって、すべての高齢者の多様なニーズを満たすことに力を尽くし、「高齢者友好都市」の建設と社会的な高齢者福祉サービス体系の建設を推進することなどを通じて、全面的に高齢者福祉サービスの質を向上させた。

　将来的には、上海の高齢者福祉サービスシステムは現在の基礎の上で 3 つの方向に向かって邁進することが考えられる。第 1 に、多様なニーズによく対応できるために、高齢者福祉サービスシステムの建設が精密化をめぐって転換すること

ある。第2に、政府の機能転換を持続的に推進することである。第3に、引き続き国家戦略と連携して高齢者福祉サービス事業を推進し、国内外の優秀な経験を参考にすることである。

注
(1) 労働能力がなく、収入がなく、扶養者がいないあるいはその扶養者の扶養能力がない高齢者を指す。
(2) 農村にいる独居する高齢者家庭の食事、衣服、住宅、医療、葬儀という5つの保障を指す。

(徐荣)

参考文献

第 2 巻

まえがき

埋橋孝文（2011）「ディーセントワークの指標化をめぐって‐今後のための基礎的作業」中川清・埋橋孝文編著『生活保障と支援の社会政策』第 10 章、明石書店

埋橋孝文（2003）「序論　比較福祉国家論の視点と課題」埋橋孝文編著『比較のなかの福祉国家』ミネルヴァ書房

ジェリー・Z・ミュラー（松本裕訳）（2019）『測りすぎ‐なぜパフォーマンス評価は失敗するのか』みすず書房

第 1 章

阿部彩（2000）「社会保険料の逆進性が世代内所得不平等度にもたらす影響」『季刊社会保障研究』36（1）

石弘光（1979）『租税政策の効果‐数量的接近』東洋経済新報社

伊多波良雄（1986）「課税最低限と所得再分配」『經濟學論叢』37（1・2）

埋橋孝文（1997）『現代福祉国家の国際比較‐日本モデルの位置づけと展望』日本評論社

埋橋孝文・楊慧敏・孫琳（2020）「日本のセーフティネット‐社会手当の国際比較を兼ねて」『労働調査』599

梅原英治（2015）「日本における税制の所得再分配効果‐厚生労働省『所得再分配調査』の検討」『大阪経大論集』66（2）

―――（2019）「日本における税制の所得再分配効果‐『平成 29 年所得再分配調査報告書』の検討」『大阪経大論集』70（4）

遠藤久夫・篠崎武久（2003）「患者自己負担と医療アクセスの公平性」『季刊社会保障研究』39（2）

厚生労働省（2017）『厚生労働白書』

―――（2019）「2017 年所得再分配調査報告書」

国税庁（2019）「令和元年分　民間給与実態統計調査」

小塩隆士（2010）『再分配の厚生分析‐公平と効率を問う』日本評論社

駒村康平（2007）「所得保障制度のパラメーターに関する分析‐国民年金の繰上げ受給に関する実証分析を中心に」『フィナンシャル・レビュー』87

四方理人（2017）「社会保険は限界なのか？‐税・社会保険料負担と国民年金未納問題」『社会政策』9（1）

総務省（2020）「政策評価等の実施状況及びこれらの結果の政策への反映状況に関する報告」https://www.soumu.go.jp/menu_news/s-news/hyouka_r02houkoku-2.html（2021年9月6日閲覧）

総務省統計局（2021）「労働力調査（基本集計）2020年」

橘木俊詔（1983）「税・年金制度の所得再分配効果」『文研論集』64

デボラ・ミッチェル（埋橋孝文ほか訳）（1993）『福祉国家の国際比較研究 − LIS10カ国の税・社会保障移転システム』啓文社

豊田敬（1987）「税の累進度と所得再分配係数」『経済研究』38（2）

中村和之（2005）「所得再分配政策の効果を測る指標 − 集中度曲線とカクワニ係数」『とやま経済月報』5

椋野美智子・田中耕太郎（2015）『はじめての社会保障』第12版 有斐閣

安田節之・渡辺直登（2008）『プログラム評価研究の方法』新曜社

横田信武（1987）「税率構造の累進性」『早稲田商学』323

コラム 1

菊池馨実（2008）「社会福祉の再編と公共性 − 社会福祉法人と社会福祉事業のあり方をめぐって」『法社会学』68

厚生労働省「介護サービス施設・事業所調査」https://www.mhlw.go.jp/toukei/list/24-22-2.html（2021年10月28日閲覧）

小坂直人（2005）『公益と公共性 − 公益は誰に属するか』日本経済評論社

小松隆二（2000）『公益学のすすめ』慶應義塾大学出版会

狭間直樹（2018）『準市場の条件整備 − 社会福祉法人制度をめぐる政府民間関係論』福村出版

古川孝順（2001）「社会福祉事業範疇の再構成 − 社会福祉事業法等の改正に関わらせつつ」『社会関係研究』8（1）

コラム 2

全国保険医団体連合会 https://hodanren.doc-net.or.jp/kenkou/gkhtml/gktop/gk1s/gk1s3p/gk1s3p.html（2021年9月7日閲覧）

高山恵理子（2019）「医療ソーシャルワーカーの業務に医療政策が及ぼした影響 − 診療報酬の動向と医療ソーシャルワーカーの「退院支援」業務との関わり」『上智大学社会学研究』43

厚生省（1983）https://www.mhlw.go.jp/web/t_doc?dataId=00ta3983&dataType=1&pageNo=1（2020年12月2日閲覧）

厚生労働省 https://www.mhlw.go.jp/topics/2008/03/dl/tp0305-1at.pdf（2021年9月

26 日閲覧）

日本医療政策機構 https://hgpi.org/research/is-11.html （2021 年 9 月 7 日閲覧）

第 2 章

北川雄也（2018）『障害者福祉の政策学－評価とマネジメント』晃洋書房

西出順郎（2020）『政策はなぜ検証できないのか－政策評価制度の研究』勁草書房

新田秀樹（2016）「障害者総合支援法の評価－総合福祉部会の骨格提言との比較を中心に」法学新法編集委員会『法学新法』122（11・12）

龍慶昭・佐々木亮（2004）『「政策評価」の理論と技法』多賀出版

第 3 章

北川雄也（2018）『障害者福祉の政策学－評価とマネジメント』晃洋書房

鈴木良（2021）「日本において知的障害者の脱施設化が進まないのはなぜか」日本自立生活センター勉強会資料

畑本裕介（2021）『新版　社会福祉行財政－福祉事務所論から新たな行政機構論へ』法律文化社

蜂谷俊隆（2003）「「障害者プラン」における数値目標に関する時系列分析の試み」『大阪人間科学大学紀要』2

平野隆之・佐藤真澄（2006）「都市自治体における障害福祉計画策定のための分析手法」『日本福祉大学社会福祉論集』115

藤島薫（2014）『福祉プログラムにおける参加型評価の理論と実践』みらい

増田めぐる・末光茂（2006）「市町村障害者計画評価表作成と地域比較研究」『川崎医療福祉学会誌』15（2）

松端克文（2010）「障害福祉における福祉計画の策定と地域生活移行」『桃山学院総合研究所紀要』35（3）

萬代由希子（2016）「障害者計画および障害福祉計画に関する研究の現状と課題」『関西福祉大学』19（1）

源由理子（2016）「参加型評価の特徴とアプローチ」源由理子編著『参加型評価－改善と変革のための評価の実践』第 2 章、晃洋書房

安田節之（2011）『プログラム評価－対人・コミュニティ援助の質を高めるために』新曜社

第 4 章

一般社団法人北海道総合研究調査会（2021）『生活困窮者自立支援制度の実施状況の把握・分析等に関する調査研究事業報告書』生活困窮者就労準備支援事業費等補助

金社会福祉推進事業

大友信勝（2002）「セーフティネットの社会福祉学 – 生活保護制度改革の課題」『東洋大学社会学部紀要第』39（2）

京都自立就労サポートセンター（2020）『就労準備支援事業利用者に対する支援の評価指標作成・普及に向けた調査研究事業』生活困窮者就労準備支援事業費等補助金社会福祉推進事業

京都自立就労サポートセンター（2021）『就労準備支援事業評価指標の全国普及及び検証に係る調査研究事業』生活困窮者就労準備支援事業費等補助金社会福祉推進事業

西尾勝（2001）『行政学』新版、有斐閣

松本英昭（2018）『要説　地方自治法　第十次改訂版　新地方自治制度の全容』ぎょうせい

真渕勝（2009）『行政学』有斐閣

水町雅子（2019）「行政ビッグデータの利活用と課題」『都市問題』110（2）

Desiere, Sam, Kristine Langenbucher and Ludo Struyven (2019) "Statistical profiling in public employment services: An international comparison" *OECD Social, Employment and Migration Working Papers 224*, OECD Publishing

第5章

阿部彩（2007）「日本における社会的排除の実態とその要因」『季刊社会保障研究』43（1）

猪飼周平（2015）「『制度の狭間』から社会福祉学の焦点へ – 岡村理論の再検討を突破口として」『社会福祉研究』122

遠藤希和子（2020）「協働でつくる新たな地域（第5回）若年性認知症交流会小さな旅人たちの会：制度の狭間を支える市民福祉：当事者と家族を孤立させないための取り組み」『月刊福祉』103（10）

大瀧敦子・白井誠一郎（2014）「『患者の権利』と『生活者の権利』 – 『制度の谷間』難病患者の権利擁護支援を岡村理論から考える」『社会福祉研究』120

大野更紗（2014）「『難病』を病名ではなくニーズで捉えて – 『タニマー＝困ってるひと』の立場から」『訪問看護と介護』19（3）

岡村重夫（1983）『社会福祉原論』全国社会福祉協議会

片岡哲司（2011）「制度の狭間にソーシャルワーカーが挑むために必要なこと」『ソーシャルワーク研究』37（2）

川島ゆり子（2015）「生活困窮者支援におけるネットワーク分節化の課題」『社会福祉学』56（2）

久保茂樹（2017）「退院援助における『狭間』についての一考察 – 回復期リハビリテー

ション病棟でのソーシャルワーク実践の一例から」『ソーシャルワーク研究』43
（3）

熊田博喜（2015）「『制度の狭間』を支援するシステムとコミュニティソーシャルワー
カーの機能－西東京市における実践の分析を通して」『ソーシャルワーク研究』41
（1）

厚生労働省社会・援護局（2000）「社会的な援護を要する人々に対する社会福祉のあり
方に関する検討会 報告書」

佐藤允一（1977）『問題の構造学－問題発見と解決の技法』ダイヤモンド社

史邁（2021）『協働モデル－制度的支援の「狭間」を埋める新たな支援戦略』晃洋書房

永田佑（2021）『包括的支援体制のガバナンス－実践と政策をつなぐ市町村福祉行政の
展開』有斐閣

日本学術会議社会学委員会社会福祉学分科会（2018）『提言 社会的つながりが弱い人
への支援のあり方について－社会福祉学の視点から』

野島那津子（2017）「診断のパラドックス－筋痛性脳髄炎／慢性疲労症候群及び線維筋
痛症を患う人々における診断の効果と限界」『保健医療社会学論集』27（2）

濱口桂一郎編著（2013）『福祉と労働・雇用』ミネルヴァ書房

平塚良子ほか（2005）「保健・医療・福祉の狭間におかれる人々の生活困難についての
研究」『社会福祉教育年報』第25集、日本社会福祉教育学校連盟

平野方紹（2015）「支援の『狭間』をめぐる社会福祉の課題と論点（特集 支援の狭間
をめぐる社会福祉の課題と論点）」『社会福祉研究』122

広井良典（2000）『ケア学－越境するケアへ』医学書院

廣野俊輔（2021）「障害者と非障害者－すべての人が『障害』をもちうる事を前提とし
た仕組みの必要性」椋野美智子編『福祉政策とソーシャルワークをつなぐ－生活困
窮者自立支援制度から考える』第1章、ミネルヴァ書房

宮本太郎（2021）『貧困・介護・育児の政治－ベーシックアセットの福祉国家へ』朝日
新聞出版

百瀬由璃絵（2021）「健康状態と障害者手帳所持状況によるグレーゾーンの同定－生活
と支えあいに関する調査2017の記述」『IPSS Working Paper series (J)』39

山村りつ（2020）「政策がもたらす周縁化－障害者政策が抱えるジレンマと限界」埋橋
孝文編著『どうする日本の福祉政策』第8章、ミネルヴァ書房

コラム3

地域包括ケア研究会（2016）「地域包括ケアシステムと地域マネジメント」平成27年
度地域包括ケアシステム構築に向けた制度及びサービスのあり方に関する研究事
業報告書、三菱UFJリサーチ＆コンサルティング

厚生労働省（2020）「市町村地域福祉計画策定状況等の調査結果概要」https://www.mhlw.go.jp/content/000756707.pdf（2021 年 6 月 24 日閲覧）

内閣府（2020）「内閣府における EBPM への取組」https://www.cao.go.jp/others/kichou/ebpm/ebpm.html（2021 年 7 月 11 日閲覧）

コラム 4

岸政彦・打越正行・上原健太郎・上間陽子（2020）『地元を生きる－沖縄的共同性の社会学』「第 2 章　距離化－安定層の生活史」ナカニシヤ出版

第 6 章

〈日本語文献〉

井上智洋（2018）『AI 時代の新・ベーシックインカム論』光文社

埋橋孝文（2011）『福祉政策の国際動向と日本の選択－ポスト「三つの世界」論』法律文化社

宇野弘蔵（1954）『経済政策論（改正版）』弘文堂

金成垣（2008）『後発福祉国家論－比較のなかの韓国と東アジア』東京大学出版会

金成垣（2013）「韓国の国民基礎生活保障制度」埋橋孝文編『生活保護』第 20 章、ミネルヴァ書房

金成垣（2018）「足踏みする韓国の社会保障制度」『週刊社会保障』No.3014

金成垣（2019）「韓国の社会保障にみるアジアの共通課題－ 21 世紀の新しい途を探る」『社会学評論』第 70 巻題 3 号

金成垣（2020a）「コロナ危機のなかの韓国の社会保障」『週刊社会保障』No.3075

金成垣（2020b）「福祉国家研究と政策論－〈社会分析〉と〈政策分析〉の接点を求めて」『Int`lecowk』No.1105

金成垣（2020c）「アジアは『福祉後進国』なのか－『福祉国家的ではないもの』が示す未来」埋橋孝文編『どうする日本の福祉政策』第 14 章、ミネルヴァ書房

金成垣（2021）「文在寅政権下の社会保障制度改革」『週刊社会保障』No.3134

佐々木隆治・志賀信夫編（2019）『ベーシックインカムを問いなおす』法律文化社

鈴木亘（2020）『社会保障と財政の危機』PHP 研究所

原田泰（2015）『ベーシックインカム』中公新書

本田浩邦（2019）『長期停滞の資本主義』大月書店

松江暁子（2014）「韓国－ IMF 経済危機と社会保障制度の創設」田多英範編『世界はなぜ社会保障制度を創ったのか』第 8 章、ミネルヴァ書房

宮本太郎（2021）『貧困・介護・育児の政治－ベーシックアセットの福祉国家へ』毎日新聞出版

山森亮（2009）『ベーシック・インカム入門』光文社

〈韓国語文献〉

キム・キョソン／ベク・スンホ／ソ・ジョンヒ／イ・スンユン（2018）『ベーシックインカムが来る』社会評論アカデミー

大統領直属政策企画委員会・関係部署合同（2018）『文在寅政府の「包容国家」のビジョンと戦略－国民の生活を変える包容と革新の社会政策』

ベク・スンホ（2017）「ベーシックインカム実現のためのいくつかのモデル」『月刊福祉動向』221

ベク・スンホ／イ・スンユン（2018）「正しいベーシックインカム論争」『韓国社会政策学会』25（3）

ソク・ジェウン（2018）「ベーシックインカムに関する多様な提案と過渡期的ベーシックインカムの提案」『保健社会研究』38（2）

ヤン・ジェジン（2020）『福祉の原理』ハンギョレ出版

ウォン・ヨンヒ（2017）『生存不安時代、第4次産業革命とベーシックインカム』ノワナメディア

ユン・ホンシク（2016）「基本所得、福祉国家の代案になりうるのか？」（2016社会政策連合共同学術大会発表資料）

イ・サンイ（2021）『ベーシックインカム批判』ミム

チェ・サンミ／チャン・ドンヨル（2018）「代案的所得保障制度としてのベーシックインカム導入の可能性と導入方法に対する探索的考察」『韓国社会サービス学会』8（2）

統計庁（2019a）『2019年8月勤労形態別付加調査結果』

統計庁（2019b）『2019年8月費賃金勤労および日経済活動人口付加調査結果』

韓国労働研究院（2019）『2019KLI非正規労働統計』韓国労働研究院

ホン・ヒジョン（2017）「スウェーデンにおけるベーシックインカムとは」『福祉イシュー』48

〈英語文献〉

Standing, G. (ed.)(2005) *Promoting Income Security as a Right.*

第7章

〈韓国語文献〉

グ・ギョジュン／バン・ガウン／ジョン・イユン／チェ・ヒョンス／ジャン・ハンイル／チェ・ジョンホ（2018）『ベーシックインカムとして青年手当の効果測定のた

めの政策実験設計研究』ソウル研究院、LAB2050（＝구교준, 반가운, 정이윤, 최현수, 장한일, 최정호. 2018《기본소득으로서 청년수당 효과성 측정을 위한 정책 실험 설계 연구》. 서울연구원. LAB2050）

キム・ムンギル／キム・テワン／イム・ワンソプ／ジョン・ウンヒ／キム・ゼホ／アン・ジュヨン／キム・ソンア／イ・ジュミ／ジョン・ヒソン／チェ・ジュンヨン（2017）『若者貧困の多次元的特性分析と政策対応方案』保健社会研究院（＝김문길・김태완・임완섭・정은희・김재호・안주영・김성아・이주미・정희선・최준영. 2017《청년빈곤의 다차원적 특성 분석과 정책대응 방안》. 한국보건사회연구원. 세종）

仲正昌樹（2017）『ハンナ・アーレント「人間の条件」入門講義』キム・ギョンウォン訳、Arte（＝나카마사 마사키. 2017《한나 아렌트 < 인간의 조건 > 을 읽어주는 시간》. 김경원 역. Arte）

ノ・ミンソン（2018）「大-中小企業間賃金格差－国際比較および示唆」『賃金情報ブリーフ』2018年9月号、韓国労働研究院（＝노민선. 2018 “대 - 중소기업 간 임금 격차: 국제비교 및 시사점".《임금정보 브리프》. 2018년 제 9 호. 한국노동연구원）

Anu Partanen（2018）『我々は未来に少し早く着きました』ノ・テボク訳、ウィンダボックス.（＝아누 파르티넨. 2018. 우리는 미래에 조금 먼저 도착했습니다. 노태복 역. 원더박스）

イ・ハンウ（2015）「自由／無料労働の貨幣的補償－少額決済またはベーシックインカム」『経済と社会』107（＝이항우. 2015,“자유 / 무료 노동의 화폐적 보상 : 소액 결제 혹은 보편적 기본소득".《경제와 사회》,（107）

インディゴ研究所（2014）『希望、生きている者の義務　ジグムント・バウマン　インタビュー』グンリ.（＝인디고연구소. 2014.《희망, 살아있는 자의 의무. 지그문트 바우만 인터뷰》. 궁리）

ジャン・ハソン（2014）『韓国資本主義』ヘイブックス.（＝장하성. 2014.《한국 자본주의》. 헤이북스）

崔榮駿／ジョン・ミソン（2017）「公共政策においていかに合意を導き出すか」『韓国行政学報』51(3)（＝최영준, 전미선. 2017. “공공정책에서 어떻게 합의를 이끌어 낼 것인가?".《한국행정학보》, 51(3)）

崔榮駿（2018）「韓国福祉国家の新たなDNA」『韓国社会政策』25(4)（＝최영준. 2018. “한국 복지국가의 새로운 DNA".《한국사회정책》, 25(4)）

崔榮駿／グ・ギョジュン／ユン・ソンヨル（2018）「福祉国家が革新に与える影響に対する探索的研究」『社会保障研究』34(4)（＝최영준, 구교준, 윤성열. 2018. “복지국가가 혁신에 미치는 영향에 대한 탐색적 연구".《사회보장연구》, 34(4)）

崔榮駿／チェ・ジョンウン／ユ・ジョンミン（2018）「技術革命と未来福祉国家改革の論点」『韓国社会政策』25(1)（＝최영준, 최정은, 유정민. 2018. "기술혁명과 미래복지국가 개혁의 논점".《한국사회정책》, 25(1)）

チェ・テウク（2011）「進歩的自由主義の進歩性と実践力について」チェ・テウク編『自由主義は進歩的でありうるか』、ソウル：ポリテイア.（＝최태욱. 2011. "진보적 자유주의의 진보성과 실천력에 대하여". 최태욱 편집,《자유주의는 진보적일 수 있는가》서울 : 폴리테이아）

〈英語文献〉

Akçomak, I. S., Ter Weel, B. (2009) "Social capital, innovation and growth: Evidence from Europe" *European Economic Review*, 53(5)

Bell, A. M., Chetty, R., Jaravel, X., Petkova, N., & Van Reenen, J. (2017) "Who Becomes an Inventor in America? The Importance of Exposure to Innovation" National Bureau of Economic Research

DeLong Hamilton, T., Buchan, V. V., & Hull, G. H. et al. (2011) "Responding to the 2008 EPAS: Baccalaureate education assessment direct and indirect measurement" *The Journal of Baccalaureate Social Work*, 16

Dewey, J. (1991) *Liberalism and Social Action*. Illinois: Southern Illinois Univ. Press

Filippetti, A., & Guy, F. (2015) "Skills and social insurance: Evidence from the relative persistence of innovation during the financial crisis in Europe" *Science and Public Policy*, 43(4)

Hombert, J., Schoar, A., Sraer, D., & Thesmar, D. (2014) "Can unemployment insurance spur entrepreneurial activity?" National Bureau of Economic Research

Kääriäinen, J., & Lehtonen, H. (2006) "The variety of social capital in welfare state regimes–a comparative study of 21 countries" *European Societies*, 8(1)

Lane, K. (2019) *Social Democratic Capitalism*. Oxford University Press

Miettinen, R. (2013) *Innovation, human capabilities, and democracy: Towards an enabling welfare state*. Oxford University Press

Murakami, Y. (1996) *An Anti-Classical Political-Economic Analysis: A Vision for the Next Century*. Stanford, California: Stanford University Press

Pirog, M. A. (2009) "The role of random assignment in social policy research" *Journal of Policy Analysis and Management: The Journal of the Association for Public Policy Analysis and Management*, 28(1)

Rothstein, B. (2010) "Happiness and the welfare state" *Social Research: An International Quarterly*, 77(2)

Standing, G. (2017) *Basic income: and how we can make it happen*. Penguin UK

Steinmo, S. (2010) *The evolution of modern states: Sweden, Japan, and the United States*. Cambridge University Press

Van Parijs, P., and Vanderborght, Y. (2017) *Basic Income*, Harvard University Press

Warnecke, T. L., & DeRuyter, A. (2009) "Paternalism and development: expanding the analysis of welfare regimes in Southern Europe and Asia" In Association for Public Policy and Management special international conference, *Asian Social Protection in Comparative Perspective*, Singapore

World Bank. (2019) World Development Indicators. World Bank. https://data. worldbank.org/indicator（2019 年 3 月 25 日閲覧）

第 2 部【2】解題

汪昊・娄峰（2017）「中国財政再分配効応測算」『経済研究』第 1 期

第 8 章

〈日本語文献〉

阿部彩（2002）「貧困から社会的排除へ－指標の開発と現状」『海外社会保障研究』Winter, No.141

上坂美紀・中森千佳子（2020）「子どもの主観的 well-being における『生活評価』指標の枠組みと指標の提案」『日本家政学会誌』Vol.71. No.10

金井雅之（2015）「ソーシャル・ウェルビーイング研究の課題」『ソーシャル・ウェルビーイング研究論集』第 1 号

朱珉（2017）「『全面的小康社会』の実現に向けての貧困対策－『精準扶貧』を中心に」谷口洋志編著『中国政治経済の構造的転換』第 4 章、中央大学出版部

中川清（1986）「生活変動と生活研究への一視点－生活構造論を中心として」『三田学会雑誌』Vol.78. No.6

中山ちなみ（1997）「生活研究の社会学的枠組み－生活構造論と生活の概念」『京都社会学年報』No.5

山谷清志監修、源由理子・大島巌編著（2020）『プログラム評価ハンドブック－社会課題解決に向けた評価方法の基礎・応用』晃洋書房

雪江美久（1964）「生活構造論に関する一覚書」『社会学評論』15 巻 1 号

〈中国語文献〉

程中培（2019a）「城市低保制度存在『福利汚名』効応吗？－基于傾向値匹配（PSM）的反事実估計」『哈爾濱商業大学学報（社会科学版）』第 4 期

程中培（2019b）「農村低保制度『福利汚名』効応研究－基于『中国家庭追踪調査』数据的分析」『社会建設』第6期

韓華為・高琴（2017）「中国農村低保制度的保護効果研究－来自中国家庭追踪調査（CFPS）的経験証拠」『公共管理学報』第2期

韓華為・高琴（2018a）「代理家計調査与農村低保瞄準効果－基于CHIP数据的分析」『中国人口科学』第3期

韓華為・高琴（2018b）「中国城市低保救助的主観福祉効応－基于中国家庭追踪調査数据的研究」『社会保障評論』第2期

韓華為・高琴（2020）「中国農村低保政策効果評估－研究述評与展望」『労働経済研究』

韓華為（2021）「代理家計調査、農村低保瞄準精度和減貧効応－基于中国家庭金融調査的実証研究」『社会保障評論』第2期

侯斌（2019）「就業能提昇獲得感吗？－基于対城市低保受助者再就業状況的考察」『蘭州学刊』第4期

侯斌・慈勤英（2019）「社会救助対受助者獲得感的影響－基于『完善社会救助制度研究』調査数据的分析」『調研世界』第7期

梁暁敏・汪三貴（2015）「農村低保対農戸家庭支出的影響分析」『農業技術経済』第11期

羅文剣・王文（2018）「城市低保的減貧効応分析－基于中国家庭追踪調査（CFPS）的実証研究」『江西財経大学学報』第5期

宋錦・李実・王徳文（2020）「中国城市低保制度的瞄準度分析」『管理世界』第6期

文雯（2015）「城市低保与家庭減貧－基于CHIPS数据的実証分析」『人口与経済』第2期

文雯（2021）「城市最低生活保障兼有消費改善与労働供給激励効応吗？」『上海経済研究』第2期

楊穂・高琴（2019）「最低生活保障対収入貧困和消費支出的影響」『社会保障研究』第5期

張翔・張暁鑫（2017）「家庭電力消費、家庭収入与最低生活保障制度の瞄準率」『中国人口科学』第2期

〈英語文献〉

Gao Qin, Shiyou Wu & Fuhua Zhai (2015) "Welfare Participation and Time Use in China" *Social Indicators Research*. 124

Han Huawei, Qin Gao & Yuebin Xu (2016) "Welfare Participation and Family Consumption Choices in Rural China" *Global Social Welfare*. 3(4)

Han, Huawei, Qin Gao (2020) "Does Welfare Participation Improve Life Satisfaction?

Evidence from Panel Data in Rural China" *Journal of Happiness Studies.* 21

J. Allister Mcgregor, Nicky R. M. Pouw (2017) "Towards an Economics of Wellbeing"
Cambridge Journal of Economics. 41

第 9 章

Bowman, W. (2011) "Financial Capacity and Sustainability of Ordinary Nonprofits"
Nonprofit Management and Leadership, 22(1)

Cheng, G., Wang, L. and Huo, D. (2020) "Profile of Foundation Development in
2019" In Yang, Tuan. (ed). *Annual Report on China's Philanthropy Development.*
Beijing: Social Sciences Academic Press (China)

Chu, Y. (2016) "New Relationship between Government and Government Owned
Charities and its Construction: Based on the Case of Shenzhen Social Work
College" *Journal of Gansu Administration Institute,* 114(2)

Feng, H. (2013) "Research on Legal Regulatory Mechanism of Our Foundations"
Political Science and Law, 221(10)

Han, J., Deng, S. and Ma, J. (2020) *Everyday Giving in China.* Beijing: Social
Sciences Academic Press (China)

Heutel, G. and Zeckhauser, R. (2014a) "The Investment Returns of Nonprofit
Organizations" Part I. *Nonprofit Management and Leadership,* 25(1)

Heutel, G. and Zeckhauser, R. (2014b) "The Investment Returns of Nonprofit
Organizations, Part II" *Nonprofit Management and Leadership,* 25(1)

Hou, J. and Zhuang, X. (2016) "Do Donors Care about the Operational Efficiency of
Nonprofits? Empirical Evidence from Top 500 Chinese Nonprofit Foundations"
Journal of China University of Geosciences (Social Sciences Edition), 16(3)

Huang, X. (2013) "Private Autonomy and Moderate Supervision: Foundation System
Reconstruction in Perspective of Public and Private Laws" *Political Science and
Law,* 221(10)

Jiang H. and Cai H. (2018) "Strategies for Improving The Investment Mechanism of
Public Welfare Foundation in China" *Friends of Accounting,* 590(14)

Jin, J., Liu F. and Jiang X. (2012) "China Foundation Investment and Operation
Problem and its Countermeasure Research" *Special Zone Economy,* 277(2)

Kang, X. and Feng L. (2020) *Observation Report on the Third Sector of China.* Social
Science Academic Press (China)

Kang, X. and Han, H. (2007) "Administrative Absorption of Society: A Further Probe
into the State-Society Relationship in Chinese Mainland" *Social Sciences in China,*

2007(2)

Kochard, E. L. and Rittereiser, M. C. (2008) *Foundation and Endowment Investing: Philosophies and Strategies of Top Investors and Institutions.* Wiley Finance

Lin, K. and Wu, H. (2012) "Evaluating the Charitable Efforts Made by the Governmental and Non-Governmental Organizations: Kay Issues in Development of Charity in China" *Journal of Zhejiang University (Humanities and Social Sciences)*, 42(4)

Liu, W., Lu, B. and Liang, Y. (2020) "Report on Management of China Philanthropy Asset" In Yang, Tuan. (ed). *Annual Report on China's Philanthropy Development*, Beijing: Social Sciences Academic Press (China).

Salamon, L. M. (1992) "Foundations as Investment Managers Part 1: The Process" *Nonprofit Management and Leadership*, 3(2)

Salamon, L. M. (1993) "Foundations as Investment Managers Part II: The performance" *Nonprofit Management and Leadership*, 3(3)

Xie, B. (2003) "Analysis of the Relations between Contemporary Chinese Public Welfare Foundation and the Government" *Journal of Graduate School of Chinese Academy of Social Sciences*, 4

Xie, X., Hou, J. and Ding, Y. (2020) "Crowding-out Effect of Non-profit Organization's Fund-raising Diversification on Donation" *Statistics and Decision*, 36(22)

Yao, H. (2013) "Research on Regulation of Investment Behavior by Public Charity Organization" *Political Science and Law*, 221(10)

Zhang, L. and Zhou, Y. (2017) "Research on the Current Situation of Chinese Actual payout Investment" *Xuehui*, 342(5)

Zhang, S. and Zhu X. (2019) "Does Seeking Profits Behavior Damage Performance of Public-benefit Projects of Civil Non-profit Organizations?" *East China Economic Management*, 33(1)

コラム 5

陳彦樺・張暁栄（2020）「上海養老服務政策 70 年－階段歴程、政策変遷与発展邏輯」『秘書』第 3 期

郭林（2019）「中国養老服務 70 年（1949-2019）－演変脉絡、政策評估、未来思路」『社会保障評論』第 3 期

郝勇・駱瀟蔓（2021）「上海市社区嵌入式養老服務模式発展管窺」『城市観察』第 4 期

彭亮・王裔艶（2010）「上海高齢独居老人研究」『南方人口』第 5 期

彭希哲（2017）「未来 30 年上海人口与人力資源」『科学発展』第 7 期

上海市民政局ホームページ http://mzj.sh.gov.cn/（2021 年 9 月 28 日閲覧）
上海市統計局ホームページ http://tjj.sh.gov.cn/（2021 年 9 月 25 日閲覧）
上海市養老服務平台ホームページ http://www.shweilao.cn/index/index.html（2021 年
　9 月 28 日閲覧）

索引

第 2 巻　あとがき

　本書は、編著者がこれまで一緒に研究に取り組んだ研究者、および、同志社大学大学院出身の若手研究者とともにつくりあげた著作です。

　書名に「福祉政策」というタイトルを冠していますが、おそらくマクロの福祉政策の分野で最初に「政策評価」に挑戦した本になるのではないかと思われます。この福祉政策の分野では政府の審議会での議論や運営などをみても、また今日、アカウンタビリティ（説明責任）の議論が盛んであるにもかかわらず、事前・事後併せて適切な政策評価がおこなわれているとは思えません。

　第 1 巻でみた少子化社会対策や子どもの貧困対策、第 2 巻でみた障害者福祉政策などで顕著であったように、目標そのものあるいはアウトカムが不明確であったり、目標を達成する手段である行政の活動（アクティビティ）やそのアウトプットを適正に測る指標の開発に消極的であったり、アウトプットとアウトカムの関係についてのロジックがあらかじめ設定されていないなどの問題があります。

　しかし、本書は挑戦的だといっても取り上げて議論した範囲はまだごく限られたものでしかありません。福祉政策の数多くある分野のごく一部しか取り上げていません。それに加えて、例えばロッシらのいう「（5 つの）プログラム評価階層」を想起してもまだまだやるべきことが多いことを思い知らされます。今後は、研究会メンバーの有志が科学研究費などの支援を受けて、やや中・長期的な視野で、プログラム評価階層の階段を一つひとつ上っていくことに期待したいと思います。

　また、挑戦的といってもいいことばかりではありません。真摯な議論を積み重ねてきたとはいえ、思わぬ見過ごしや誤った理解などが十分ありえます。読者のみなさん方の忌憚のない率直なご意見をお聞かせいただければ幸いです。

　2022 年 1 月

埋橋孝文

執筆者紹介（執筆順）

埋橋孝文（うずはし　たかふみ） まえがき、第1章、第2部【1】解題、あとがき
編著者紹介を参照

楊慧敏（ヨウ　ケイビン） 第1章
現在　同志社大学大学院社会学研究科博士後期課程、大阪市立大学都市研究プラザ特別研究員、修士（社会福祉学）
主要業績
1.「中国の介護保険パイロット事業の課題」『Int'lecowk』1112号、2021年
2.「日本のセーフティネット－社会手当の国際比較を兼ねて」（共著）『労働調査』599号、2020年
3.「中国における介護保険パイロット事業の展開－財政システムの分析から」『同志社社会福祉学』No. 31、2019年

孫琳（ソン　リン） 第1章、コラム
現在　同志社大学大学院社会学研究科博士後期課程、大阪市立大学都市研究プラザ特別研究員（若手）、修士（社会福祉学）
主要業績
1.「社会福祉における『公共性』概念の変遷について－供給システムに関わる3つの主体に着目する」『評論・社会科学』138号、2021年
2.「社会政策における〈政策〉理解をめぐって」（共著）『Int'lecowk』1105号、2020年
3.「日本のセーフティネット－社会手当の国際比較を兼ねて」（共著）『労働調査』599号、2020年

廣野俊輔（ひろの　しゅんすけ） 第1部解題、第3章
現在　同志社大学社会学部准教授、博士（社会福祉学）
主要業績
1.「精神薄弱者福祉法に対象規定が欠落しているのはなぜか？－制定過程における対象規定への言及をふまえて」『評論・社会科学』137号、2021年
2.「東京青い芝の会による自立生活運動の背景－活動の再評価にむけた手がかりとして」『福祉社会科学』12号、2020年
3.「相模原障害者施設殺傷事件と優生思想－障害者解放運動史研究の立場から」『現代思想』44(19)、2016年

山村りつ（やまむら　りつ） 第2章
現在　日本大学法学部准教授、博士（社会福祉学）
主要業績

1．『入門　障害者政策』（編著）ミネルヴァ書房、2019 年
2．「「合理的配慮」の運用における精神障害者のための配慮－アメリカの裁判記録のレビューから」『社会政策』3(3)、2012 年
3．『精神障害者のための効果的就労支援モデルと制度－モデルに基づく制度のあり方』（単著）ミネルヴァ書房、2011 年

五石敬路（ごいし　のりみち） 第 4 章
現在　大阪市立大学大学院都市経営研究科准教授、修士（経済学）
主要業績
1．『大都市制度をめぐる論点と政策検証』（編著）日本評論社、2020 年
2．『子ども支援と SDGs －現場からの実証分析と提言』（編著）明石書店、2020 年
3．『生活困窮者支援で社会を変える』（共編著）法律文化社、2017 年

佐藤愛佳（さとう　あいか） 第 5 章
現在　同志社大学大学院社会学研究科博士前期課程
1．書評（共著）西村幸満『生活不安定層のニーズと支援』（『社会福祉学』62 巻 3 号）2021 年
2．「『制度の狭間』問題のフレーム－最適な支援のあり方を検討するために」日本社会福祉学会口頭発表、2021 年 9 月 12 日
3．「多発性硬化症を抱えて生きるという体験の隠喩としての病い－難病女性の語りの分析を通して」『同志社 福祉研究』62、2019 年

金成垣（キム　ソンウォン） 第 6 章
現在　東京大学大学院人文社会系研究科准教授、博士（社会学）
主要業績
1．『福祉社会学のフロンティア－福祉国家・社会政策・ケアをめぐる想像力』（共編著）ミネルヴァ書房、2021 年
2．『福祉国家の日韓比較－「後発国」における雇用保障・社会保障』（単著）明石書店、2016 年
3．『後発福祉国家論－比較のなかの韓国と東アジア』（単著）東京大学出版会、2008 年

崔榮駿（チェ　ヨンジュン） 第 7 章
現在　韓国・延世大学行政学部教授、PhD.(Social Policy)
主要業績
1．Choi, Y., & Fleckenstein, T., Lee, S. (Eds.) (2021) *Welfare Reform and Social Investment Policy: International Lessons and Policy Implications.* Policy Press
2．Choi, Y. J., Huber, E., Kim, W. S., Kwon, H. Y., & Shi, S. J. (2020) Social investment in the knowledge-based economy: new politics and policies. *Policy and Society*, 39(2)
3．Koo, J., Choi, Y. J., & Park, I. (2020) Innovation and welfare: the marriage of an unlikely

couple. *Policy and Society*, 39(2)

4．Estevez-Abe, M., Yang, J. J., & Choi, Y. J. (2016) Beyond familialism : Recalibrating family, state and market in Southern Europe and East Asia. *Journal of European Social Policy*, 26(4)

朱珉（シュ　ミン）第 2 部【2】解題、第 8 章

現在　千葉商科大学商経学部教授、博士（経済学）

主要業績

1．「中国の社会保障－『中国モデル』は存在するのか」埋橋孝文編著『どうする日本の福祉政策』第 15 章、ミネルヴァ書房、2020 年

2．「中国における貧困対策の新たな模索－政府と保険会社の協働による『扶貧』を中心に」『中国研究月報』2020 年 4 月号

3．「生活保護制度」田多英範編著『「厚生（労働）白書」を読む－社会問題の変遷をどう捉えたか』第 9 章、ミネルヴァ書房、2018 年

史邁（シ　マイ）第 9 章

現在　清華大学公共管理学院助理研究員、博士（社会福祉学）

主要業績

1．『協働モデル－制度的支援の「狭間」を埋める新たな支援戦略』晃洋書房、2021 年

2．"From Evaluation to Dialogue: Establishing A New Framework for Description of Country-based Philanthropies", *China Nonprofit Review*. No. 27, 2021

3．「社会サービス提供における協働の意味と原理－コ・プロダクション概念を中心に」『ノンプロフィット・レビュー』20 巻 1 号、日本 NPO 学会、2020 年

【コラム執筆者】

孫琳（ソン　リン）

執筆者紹介を参照

小畑美穂（おばた　みほ）

現在　同志社大学大学院社会学研究科博士後期課程、聖隷クリストファー大学社会福祉学部助教、修士（福祉社会科学）

主要業績

1．「医療ソーシャルワークにおける社会への働きかけ／ソーシャルアクション－『医療と福祉』誌に一般投稿された事例からの示唆」『同志社大学大学院社会福祉学論集』第 35 号、2021 年

2．「医療ソーシャルワーク業務の変遷－個別の生活問題を社会の問題としてきたか」『評論・社会科学』第 135 号、2021 年

3．「社会的暴力を乗り越える『生の意味』の構造分析－在樺コリアンのライフストーリー・インタビューを通して」大分大学大学院福祉社会科学研究科『福祉社会科学』第 6 号、2016 年

内山智尋（うちやま　ちひろ）

現在　同志社大学大学院社会学研究科博士後期課程、静岡大学未来社会デザイン機構講師、M.A.（中国人民大学、日本福祉大学、オランダエラスムス大学院大学）

主要業績

1．「福祉コミュニティ形成のためのロジカル・フレームワークの考察」『評論・社会科学』138 号、2021 年

2．「地域共生社会の実現とコミュニティソーシャルワークの役割」『評論・社会科学』133 号、2020 年

3．「中国北京市の社区における高齢者養老サービス体制について – ガバナンスと地域マネジメントの観点から 」『福祉社会開発研究』15 号、2020 年

森瑞季（もり　みずき）

現在　大阪市立大学経済学部特任助教、博士（経済学）

主要業績

1．「共働による労働統合型社会的企業における社会的承認 – 参与観察を通しての考察」『ノンプロフィット・レビュー』19 巻 1+2 号、2019 年

2．「社会的居場所での支援と循環する承認・ケア – 参与観察と研究サーベイを踏まえた問題提起」『社会政策』11 巻 2 号、2019 年

徐荣（シゥ　ロン）

現在　華東理工大学ソーシャルワーク専攻講師、博士（社会福祉学）

主要業績

1．『養老機構社会工作服務手冊』（共編著）華東理工大学出版社、2021 年

2．『社会工作実習教育研究』（編著）華東理工大学出版社、2018 年

3．『中国の弱者層と社会保障 – 「改革開放」の光と影』（共編著）明石書店、2012 年

【編著者紹介】

埋橋孝文（うずはし　たかふみ）

現在　同志社大学社会学部教授、放送大学客員教授、博士（経済学）

主要業績

『どうする日本の福祉政策』（編著）ミネルヴァ書房、2020 年

『貧困と就労自立支援再考 – 経済給付とサービス給付』（共編著）法律文化社、2019 年

『子どもの貧困／不利／困難を考える』Ⅰ、Ⅱ、Ⅲ（共編著）ミネルヴァ書房、2015 年、2015 年、2019 年

『貧困と生活困窮者支援 – ソーシャルワークの新展開』（共編著）法律文化社、2018 年

『福祉政策の国際動向と日本の選択 – ポスト「三つの世界」論』（単著）2011 年

福祉政策研究入門　政策評価と指標　第 2 巻
── 格差と不利／困難のなかの福祉政策

2022 年 3 月 15 日　　初版第 1 刷発行

編著者	埋　橋　孝　文
発行者	大　江　道　雅
発行所	株式会社 明石書店

〒 101-0021 東京都千代田区外神田 6-9-5
電　話　03（5818）1171
FAX　03（5818）1174
振　替　00100-7-24505
https://www.akashi.co.jp

装　　丁	明石書店デザイン室
印刷・製本	モリモト印刷株式会社

（定価はカバーに表示してあります）　　　ISBN978-4-7503-5359-3

生活保障と支援の社会政策

講座 現代の社会政策2　中川清・埋橋孝文編著　◎4200円

中国の弱者層と社会保障

「改革開放」の光と影
埋橋孝文、于洋、徐榮編著　◎3800円

中国農村地域における高齢者福祉サービス

小規模多機能ケアの構築に向けて
郭芳著　◎4500円

下から構築される中国

「中国的市民社会」のリアリティ
中国社会研究叢書 ③　李妍焱著　◎3300円

福祉国家の日韓比較

「後発国」における雇用保障・社会保障
金成垣著　◎2800円

介護職の専門性と質の向上は確保されるか

実践現場での人材育成の仕組みづくりに関する研究
任セア著　◎3300円

子どもの貧困と「ケアする学校」づくり

カリキュラム・学習環境・地域との連携から考える
柏木智子著　◎3600円

子どもの貧困対策と教育支援

より良い政策・連携・協働のために
末冨芳編著　◎2600円

子どもの貧困調査

子どもの生活に関する実態調査から見えてきたもの
山野則子編著　◎2800円

子どもの貧困対策としての学習支援によるケアとレジリエンス

理論・政策・実証分析から
松村智史著　◎3500円

シリーズ・子どもの貧困【全5巻】

松本伊智朗編集代表　◎各巻2500円

貧困とはなにか

概念・言説・ポリティクス
ルース・リスター著　松本伊智朗監訳　立木勝訳　◎2400円

家庭養護のしくみと権利擁護

シリーズみんなで育てる家庭養護①
相澤仁編集代表　澁谷昌史、伊藤嘉余子編集　◎2600円

すき間の子ども、すき間の支援

一人ひとりの「語り」と経験の可視化
村上靖彦編著　◎2400円

子ども支援とSDGs

現場からの実証分析と提言
五石敬路編著　◎2500円

正義のアイデア

アマルティア・セン著　池本幸生訳　◎3800円

〈価格は本体価格です〉